조국과 고국 사이 경계에 선 '이방인'이 말한다

조국과 고국 사이 경계에 선 '이방인'이 말한다

그래도 희망은 대한민국

^{저자} # 김 범 송

중국 동포 칼럼니스트
fansong98@hanmail.net

중국 베이징(北京)에서 대학을 다녔고,
한국 한양대학교, 외국어대학교에서 유학
現 한국학중앙연구원 사회학 박사(수료)
중국『흑룡강신문』 논설위원
(社)동북아공동체연구회 국제이사
중국 연변인민출판사 상해지사 해외고문
저서 : 칼럼집『재주부리는 곰과 돈 버는 왕서방』
논문 :「남북경협 현황과 북한 개혁개방」 외 다수
한국『호서문학』 우수신인작품상 수상
중국『흑룡강신문』 우수(칼럼)상 수상
한·중 매스컴에 200여 편의 칼럼(수필) 발표

조국과 고국 사이 경계에 선 '이방인'이 말한다
그래도 희망은 대한민국

초판1쇄 **인쇄** 2009년 2월 25일
초판1쇄 **발행** 2009년 3월 5일
지은이 | 김범송
펴낸이 | 최종숙
펴낸 곳 | 글누림출판사
편집 | 김지향 이태곤 권분옥 이소희 **마케팅** | 문택주 안현진 **디자인** | 홍동선 이홍주
등록 제303-2005-000038호(등록일 2005년 10월 5일)
주소 서울 서초구 반포4동 577-25 문창빌딩 2층
전화 | 02-3409-2055(편집부) 02-3409-2058(영업부) FAX | 02-3409-2059
홈페이지 | http://www.geulnurim.co.kr
이메일 | nurim3888@hanmail.net
ISBN | 978-89-6327-016-6 03300

정가 10,000원

* 잘못된 책은 교환해 드립니다.

그래도 희망은 대한민국

김범송

　1990년대 후반에 시작한 유학생활을 계기로 한국에 체류한지도 어언 10년이 된다. 이제 힘들었지만 보람 있었던 고국에서의 생활을 갈무리하면서, 그동안 노력해온 결과들을 정리해 '칼럼집'을 출간한다고 생각하니 감개가 무량하다. 더욱이 금번 출간하는 졸저의 대부분 내용들이 필자가 석·박사과정을 밟으면서 여가시간을 이용하여 쓴 것들이고 최근의 연구성과를 반영한 것으로, 그것이 책으로 출간될 수 있어 더욱 보람을 느낀다.

　중국의 동북변방 두만강변에서 생장한 필자에게는 연변이 '제1 고향'이며, 그 후 북경에서 대학을 다녔고 다년간 북경에서 생활해온 본인에게는 수도 북경이 '제2의 고향'이 된다. 1990년대 후반과 최근 6~7년간 서울에서 유학 생활하고 있는 나는 한국의 수도 서울을 '제3의 고향'이라고 생각한다.

　중국 국적을 가진 한민족의 후예로서 민족과 국민이라는 이중의 정체성을 갖고 있는 필자가 자신의 생활족적이 남겨진 연변과 북경 및 서울을 중심으로, 한·중 사회문화비교와 중국동포와 고국동포간의 '상생관계'에 주목한 것은 당연지사일 것이다. 한편 고국에 체류하는 기간, 분단된 한반도와 분열된 한민족의 현실을 통감하면서 21세기 탈냉전의 민족화합과 통일을 전제로 남북관계의 현황과 문제점을 짚어보고 나름대로의 비전을 제시해보았다.

　최근 몇 년 전부터 학위공부를 시작한 필자는 유학생활 중 체감한 것들을 칼럼·수필의 형식으로 한·중 매스컴에 발표하였고, 고국산천을 돌아보면서 느낀 것들을 기행문으로 적어 중국 독자들에게 고국의 역사문화와 아름다운 강산을 소개하는 데 게을리 하지 않았다. 특히 '한강의 기적'과 함께 고국의 발전한 모습과 가족중심의 인정세태를 기사화했고, '이방인'의 시각에서 한국사회의 문제점을 지적하고 언감생심 '신랄한 비판'에 필묵을 쏟았다.

필자는 일찍 중국과 한국의 수도에서 고등교육을 받고 유학생활을 하는 행운을 지녔으며, 선후하여 20여 년간 생활했다. 특히 학위과정에서 비교사회문화와 사회학을 전공하면서 같은 유교권의 동아시아 국가임에도 불구하고 한·중 양국의 사회문화와 생활습관의 차이를 절감하였고, 그것을 배운 지식으로 두 나라의 사회문화에 대한 비교를 시도하게 되었다. 다년간의 노력을 통해 중국동포와 고국동포의 상생관계 및 한·중 양국 간 문화차이를 적은 칼럼 200여 편을 한·중 매체에 발표했고, 그 중 일부는 수상의 영예를 받은 바 있다.

이 책은 칼럼·수필·기행문·논문 요약 등 여러 글들이 두 개의 장으로 나뉘어 구성되었다. 최근 1~2년간 한·중 언론과 문학지에 발표한 글과 인터넷의 대표적 칼럼들을 수정·보완했고, 학술연구의 성과를 중점적으로 요약해 완정한 단행본으로 묶어보았다.

제1장에서는 '코리안 드림'을 목적으로 불원천리하고 고국에 온 중국동포들이 문화 차이와 이념의 갈등으로 한국사회에 잘 적응하지 못하고 있는 현실에 주목했다. 또한 고국동포들이 중국동포에 대한 사회적 기시와 일상차별 심화로, 상호불신과 반목질시의 현황 및 반한감정의 원인을 분석하고 해결책을 제시했다. 특히 필자는 고국과 중국동포의 '상생관계'의

중요성과 필요성을 강하게 어필했다. 졸론이 현재의 반한감정을 해소하고
한민족의 화합과 공생공영에 필요한 공감대를 형성하는데, 일조가 된다면
그것으로 만족한다.

　제2장에서는 해외동포의 시각에서 작금의 남북관계 현황을 분석했고,
남북관계의 전망과 북한 개혁개방의 비전을 제시하고 대북지원과 대북 포
용정책의 지속적인 추진을 어필했다. 장기간의 고국생활에서 남북분단과
민족분열의 현실에 고민했고, 민족통일이 '21세기 한민족의 중요한 역사
적 사명'이라는 것을 주장하게 된 이유는 7000만 한겨레의 사회통합과
700만 해외동포의 염원에 부합된다는 것을 확신했기 때문이다. '21세기
위대한 한민족의 시대'의 도래는 분단된 한반도에서의 민족통일을 전제로
한다는 것은 불문가지다.

　본 칼럼집은 필자가 한국유학과 회사 생활에서 보고 느낀 것을 문자화
한 한국사회에 대한 진솔한 생각이자 견문록이기도 하다. 한편 필자의 지
식함양 빈약과 천견박식淺見博識으로 인해 일부 칼럼들의 주장하는 논리적
인 근거가 미진하며, 아울러 미숙한 관점과 천박한 졸견이 석학들에게
'졸론의 유치함'에 대한 지탄의 빌미를 제공했을 줄로 안다.

　중국동포의 시각에서 고국의 사회문화를 분석했고, 조선족사회의 병폐에
대한 일침 및 대안을 제시했다. 한·중 양국의 사회문화 차이에 대한 칼럼들
이 한국 독자들이 중국과 동포사회를 이해하는 데 약간의 도움이라도 되었
으면 하면 바람이다. 아울러 7000만 한민족의 화합과 민족통일을 어필한

졸론이 단지 필자의 한 사람의 견해와 주장만이 아닌, 700만 해외동포의 간절한 기대와 절절한 목소리로 받아들여지기를 삼가 바랄 뿐이다.

졸저가 예상보다 일찍 한국 독자들과 대면할 수 있도록 출간 기회를 주신 도서출판 역락·글누림의 이대현 사장님께 심심한 감사의 말씀을 드린다. 아울러 출판에 관심을 기울여준 홍동선 이사님과 책에 '멋진 옷'을 입혀준 이홍주 국장님, 그동안 높은 책임감을 보여준 이태곤 본부장과 권분옥 편집장, 그리고 김지향 씨에게도 고마움과 감사의 인사를 전한다. 바쁜 와중에 졸작에 <축하의 글>을 써주신 이승률 회장님께도 진심으로 감사를 드린다.

'늦은 인생'을 열심히 살도록 편달해주는 삶의 동기부여가 있다. 남편·아빠로서 부족한 나를 늘 너그럽게 이해를 해주고 내조해준 '현모양처' 아내와 항상 필자에게 힘을 실어주는 나의 쌍둥이 자녀 경혁京赫군과 연정燕晶양, 무엇보다 그들이 무탈하게 자라줘서 고마울 따름이다. 내 삶에 보람과 긍지를 준 부모님과 가족이 자랑스러우며, 소중한 가족에게 이 책을 선물하면서 가장으로서의 책무를 다하지 못한 미안한 심정을 달래본다.

2009년 2월
한국 성남시 단대동 숙소에서

내가 김범송 씨를 처음 만난 것은 몇 년 전 서울에서 진행한 (社)동북아공동체연구회 창립기념 세미나 장소였다. 본 연구회는 동북아 역내 시장의 자유화와 경제공동체의 조성을 위한 국제협력방안을 연구하는데 취지가 있다. 따라서 정책대안 개발과 자문 및 용역 등의 활동을 수행함으로써 궁극적으로 한반도 평화통일을 위한 국제환경을 조성하고, 나아가 한·중·일 3국을 중심으로 하는 동북아공동체 형성에 기여코자 하는데 그 기본 목적을 두고 있다.

당시 세미나 주제발표와 지정토론에 이어 종합토론을 할 때, 몇 분의 질의가 있은 후 한 젊은 친구가 손을 들고 일어나 발언을 요청했다. 그는 자신을 중국 북경에서 온 조선족으로서 현재 한국학중앙연구원 박사과정의 유학생이라고 소개했다. 그리고는 크고 또렷한 음성으로 발제자 중 한분에게 한민족공동체사회의 결속을 위해 중국 조선족사회의 역할과 기능을 확대, 발전시킬 수 있는 방안에 대해 질의를 하는 것이었다. 찬찬히 뜯어보니 인물도 준수했고, 언변이 좋을 뿐만 아니라 질의 요지가 명확해서 내심으로 향후 '훌륭한 학자'가 될 재목이라는 인상을 받았다. 세미나가 끝난 후 저녁 만찬자리에서 다른 조선족 인사들과 함께 동북아 국제정세에 관한 대화를 나누게 되었고, 그와 진지하게 이야기를 나누게 되었다. 이것이 김범송 씨와 인연을 맺게 된 첫 만남이었다.

그때 느낀 첫 인상이 참으로 깊었다. 그에 대한 나의 느낀 바를 다른 사람에게 전해보라면 이렇게 말할 것이다. "김범송 씨를 한번 만나보면, 범상한 인물이 아님을 곧 알게 될 것이오." 그 후 그는 나의 기대를 저버리지 않았다. 본 연구회가 주최하는 <동북아 미래포럼>에 빠지지 않고 참석해 도움을 주었고, 한·중 양국 간의 관계발전과 정세분석 및 국제협력방안에 대해 예리하게 분석하면서 본인의 소견을 정연하게 피력해주곤 했다. 그렇게 친분을 유지해오던 중 작년 여름, 김범송 씨는 본인의 사무실을 방문하여 지난해 중국에서 출간한 책이라면서 "재주부리는 곰과 돈버는 왕서방"이라는 제목의 칼럼집 한권을 선물로 주었다. 그러면서 한국학중앙연구원을 수료하면서 중국『흑룡강신문』논설위원으로 위촉되었다는 소식도 알려주었다. 나는 그와 장시간 담론을 나누던 끝에 공식적으로 본 연구회 국제이사로 활약해 줄 것을 요청했고, 김범송 씨는 이를 흔쾌히 수락했다.

얼마 전 김범송 씨는 그동안 본인이 열심히 노력한 결과를 책으로 묶어 곧 비교문화 도서를 출간한다는 소식을 전해왔고, 아울러 필자에게 '축하의 글'을 의뢰한다고 정중하게 부탁해왔다. 사실 본인은 여러 가지로 부족한 사람이지만, 그동안 쌓아온 그와의 우정을 생각하면서 재중동포학자 김범송 씨가 고국에서 첫 신작을 출간하는데 '축하하는 일'에는 전혀 뒤질 생각이 없어 감히 이 글을 쓰기로 작정했다.

중국동포인 그가 다년간 고국에서 보고들은 바를 정리하여 비교문화에 관한 책을 출판한다고 하니, 필자는 참으로 기쁜 마음을 감출 수 없다. 더군다나 중국동포인 젊은 학자가 이렇게 활기차게 일취월장하는 모습을 보면서, 내 형제의 일처럼 기분이 좋고 대견스럽다. 특히 한·중 양국의 사회문화 비교와 남북경협에 대한 체계적인 연구 활동을 진행하면서 거둔 성과라고 생각하니, 더욱 격려의 박수를 보낸다. 한편 동북아지역 여러

곳에 흩어져 살고 있는 한민족의 화합, 고국과 조선족사회의 교류협력 방안에 대하여 실제적 대안을 준비해가는 김범송 씨와 같은 후배들의 모습을 볼 때마다 참으로 마음이 든든하고 기대 또한 크다.

이제 곧 그간 저자가 노력한 결과로 이뤄진, 비교문화의 신간 서적이 한국 독자들과 대면하게 될 것이다. 그가 필자에게 미리 보내준 원고 목차를 읽어보니, 칼럼·수필·기행문·논문 요약 등이 다채롭게 구성되어 있었다. 중국동포의 시각에서 고국사회를 예리하게 분석했고, 한·중 양국의 사회문화 현상에 대한 일가견의 비교분석이 흥미로워 독자들이 읽기에 시간가는 줄 모를 정도로 재미가 있을 것으로 확신한다. 작가의 의도가 투영되어 있는 책의 주된 내용은 한·중 사회문화의 차이를 배경으로 하여 남북한 한민족의 화합과 동포애 및 민족통일에 대한 갈망, 중국공민으로서 조선족사회에 대한 사랑과 일침 및 대안을 제시해 주는 글들로 가득 채워져 있다. 또한 책의 갈피갈피마다 저자의 재치와 인간미가 넘쳐나고 사물에 대한 객관적 이지理智도 빛나고 있다.

김범송 씨의 범상치 않은 신작 출간을 진심으로 축하하며, 그의 글들이 한국 독자들에게 참신한 감수와 함께 재외동포사회와 고국과의 연대 및 한민족의 상생·화합에 일조가 되기를 기대한다. 아울러 그와 함께 풀어나갈 '동북아미래공동체'에 대한 꿈과 비전을 다시 한번 소중하게 되새겨 보는 기회를 갖게 된 것을 무한한 기쁨으로 삼는다.

㈜동북아공동체연구회 회장   이승률

2

21세기 남북관계와 민족의 통일
상생의 실크로드, 통일 KOREA

그래도 희망은 대한민국

고국동포와 중국동포의 상생관계

200만과 7000만, 그리고 13억

서울 조선족 기업가가 본 중국동포 장·단점

얼마 전 필자는 연변TV 대외사업부에서 해외출장을 온 기자들과 함께 현재 서울 명동과 대림동에서 대형음식예식사업을 하고 있는 연변출신의 조선족기업가를 인터뷰한 적이 있다. 서울에서 13년간 꾸준히 음식업을 경영해 성공한 그는 수많은 중국동포들을 겪어오면서 향수鄕愁와 애환을 함께 나누면서 느낀 경험들을 통해 중국동포들의 '장점'과 '단점'을 지적했다. 10여 년간 그들과 함께 부대끼면서 감수한 것들이어서 신빙성이 높았고 수긍이 갔다. 아래에 그가 본 중국동포의 장·단점을 정리해 적어본다.

장점 ① 독립성이 강하고 어려운 환경에 잘 적응한다

현재 한국에서 생활하고 있는 중국동포들은 외로운 이국 타향에서 잘 참고 견디며, 독립적으로 환경에 적응하면서 힘들지만 보람 있는 생활을 영위해나가고 있다. 중국동포 대다수가 환경조건이 열악한 3D 업종에서 근무하지만 꿋꿋하게 살아갈 수 있는 것은 과거 선조들의 척박한 만주벌판을 개척한 근로정신을 이어받았기 때문이라고 생각한다. 피눈물 나는 이주민의 역사는 그들로 하여금 어려운 환경 속에서도 생존해가는 방법을 터득하게 하였다.

장점 ② 화목하며 상부상조의 정신이 강하다

현재 서울 가리봉·대림동, 경기도 안산 일대에는 중국동포 타운이 형성되어 있다. 오로지 한 목적으로 고향을 떠나온 그들은 '동병상련'의 처지와 입장을 서로 이해하면서 화목하게 살아가고 있으며, 상부상조로 외롭고 힘든 타향살이를 잘 극복해나고 있다. '뭉치면 살고 흩어지면 죽는다'는 철리를 체득한 그들은 교회에서 뭉치고 식당에서 뭉치며 직장에서 뭉치는 것이다. 어쩌면 고국의 각박한 인심이 본의 아니게 그들을 하나로 '뭉치게' 했을 것이다.

장점 ③ 정이 많은 한민족이다

한민족의 후예인 중국동포들은 낙관적이며 타인을 도와주는 것을 낙樂으로 여긴다. 그래서 자본주의가 발달한 한국사회에서 인색하고 무정한 한국인들보다 그들의 순수하고 소박한 인품이 더욱 돋보이며, 이 또한 정 많은 중국동포들과 박정한 한국인들과 차별되는 점이다. 하지만 이러한 순진한 '정'이 상호 불신과 갈등을 만드는 '이유'가 되며, 때론 일부 부도덕한 한국인들이 순박한 중국동포를 대상해 사기를 칠 수 있는 빌미를 제공하기도 한다.

 그래도 희망은 대한민국

장점 ④ 인내력이 강하고 단합심이 많다

뿌리가 있는 고국이지만 3D 업종에서 일하는 '외국인'에 대한 일상 차별이 보편적이고 사회적 기시와 편견이 심한 한국사회에서 인내력과 참을성이 없다면 해고당하기 십상이며, 팀워크와 단합심이 없다면 그들이 받는 불이익과 기시는 가배로 될 것이다. 대부분의 중국동포들은 한국에 오기 전에는 초면부지이었지만, 같은 입장에서 서로 합심하여 어려운 환경과 생활에 적응하면서 직장과 생활에서 오는 압력과 스트레스를 참고 용의주도하게 잘 견디어낸다.

장점 ⑤ 의리가 있고 타인에게 신세를 지려 하지 않는다

대부분의 중국동포들은 의리를 지키며 쉽게 타인을 해치려고 하지 않는다. 그들은 쉽사리 상대방을 배반하지 않으며 타인에게 신세를 지지 않는다. 순박한 인품을 지닌 그들은 타인의 이익을 침해하지 않으며 정직하게 일상을 살아간다. 동포들이 자주 가는 음식점이 가면 식사 후 서로가 식사비를 계산하려고 승강이를 벌이는, 한국사회에서는 좀처럼 볼 수 없는 진풍경이 벌어지기도 한다. 또한 그들은 한번 신세를 지면 꼭 갚고야만 직성이 풀린다.

단점 ① '대국 자부심'이 강하며 자격지심이 많다

중국에서 생장했고 중국문화에 습관 되어 있는 그들은 '대국 자부심'이 강한 반면, 소수민족으로서의 자부심 또한 적지 않다. 평소 그들은 '잘 사는' 한국인들이 '못 사는' 자신들을 무시하고 깔보지 않는가 하고 늘 신경을 곤두세우고 있으며, 모든 것을 약자의 입장에서 받아들이며 반발심이 강하다. 이러한 불필요한 자격지심은 직장과 생활에서 한국인들과의 갈등과 불협화음을 자초하며, 상호 불신의 장벽이 높아지게 하는 이유가 되기도 한다.

단점 ② 예의범절이 결여되어 있다

중국동포들은 장기간 '평등'을 주장하는 중국사회에서 생활하다보니, 상하관념이 적고 어른에 대한 존경과 선배에 대해 깍듯이 대해야 한다는 한국사회의 '에티켓'이 결여되어 있다. 따라서 어른을 공경하고 모든 곳이 수직관계로 되어 있는 '유교사회'인 한국사회에서 그들의 자유분방한 성격상 '약점'이 더욱 두드러지게 나타난다. 평소 한국인들은 중국동포들이 예의범절에 대해 신경을 쓰지 않은 점을 자주 꼬집으면서 그들의 '수양'을 거론한다.

단점 ③ 과소비가 심하고 씀씀이가 헤프다

현재 대부분 중국동포들이 더럽고 힘들며 위험한 3D 업종에서 일하는데, 그들이 받는 보수는 한국인들에 비해 퍽 적다. 하지만 그들의 술 소비는 오히려 한국인들에 비해 많고 씀씀이가 헤프다. 그들은 식당에 와서 중국의 습관대로 여러 가지 요리를 주문하며 술도 항상 과음한다. 낭비와 과소비로 저축은 많지 않고 번 돈을 대부분 써버리는 이들도 적지 않으며, 많은 이들은 일당을 뛰는데 그날 번 돈을 그날에

다 소비하는 경우도 비일비재하다.

단점 ④ 중국에서의 진부한 관습을 보유하고 있다

적지 않은 중국동포들은 놀지언정 힘든 일은 하지 않으며, 직장에서도 나태한 근성을 고치지 않고 있기에 업주의 신임을 받지 못하고 있다. 그들은 직장상사와 선배를 존중하지 않으며 동료들과의 대인관계도 원활하지 못하기 때문에 같은 직장에서 오래 근무하지 못한다. 식당에 와서도 큰소리로 떠들고 식당종업원을 하인 부리듯 무례하게 대하며 반말을 한다. 심지어 슬리퍼를 신고 와서는 다른 손님의 좋은 구두를 신고 달아나는 경우도 적지 않다.

단점 ⑤ 일상의 스트레스를 술로 푼다

중국동포들은 제도와 사고방식이 다른 이국 타향에서 받는 설움이 많고 인격모욕과 차별 및 기시를 많이 받는다. 이러한 스트레스는 그들의 가슴에 말 못할 불만과 불평으로 가득 쌓이게 되며, 동포들은 이러한 스트레스와 압력을 동포식당이나 다방에 가서 술로 해소하려는 경향이 많다. 그래서 늘 과음하게 되고 취중에 타인과 시비를 걸어 싸우기도 한다. 때론 알콜의 작용으로 이지를 상실한 그들은 우발적으로 사건과 범죄행위를 저지르게 된다.

물론 상술한 행위들은 전체가 아닌 일부에 국한된 '비행非行'이지만, 궁극적으로 중국동포 정체적 이미지가 실추되는 사회적 결과로 나타난다. 특히 동포들의 과소비와 과도한 음주행위는 치명적인 단점으로 반드시 삼가야 할 금단禁斷으로 지적된다. 동포들의 심사숙고와 통절한 반성, 고국에서의 중국동포 이미지와 총체적 위신을 높이려는 노력이 절실한 시점이다. 반면 중국동포들에 대한 한국사회의 차별과 편견 및 기시는 사라져야 하며, 그들의 공로를 긍정하고 한겨레동포로 인정하는 정책적 대안이 선행되어야 할 것이다.

조선족 직원이 한국회사에서 성공하려면

몇 년 전에 비해 인기는 떨어졌지만 한국회사는 여전히 조선족 젊은이들의 취직의 선택대상으로 꼽히고 있다. 물론 직장상사로부터 오는 스트레스와 동포차원의 기시는 적지 않지만 언어를 비롯해 문화가 소통하고 대우가 괜찮다는 것이 주요인이다.

필자는 북경과 서울에서 한일韓日 무역상사 및 서울지사장으로 근무한바 있다. 아래에 본인이 다년간 겪은 경험담 및 일가견을 피력하니, 바라건대 후배 여러분의 회사생활에 일조되기를 기대한다.

1. 한국인들은 회사에 대한 애착이 매우 강하다. 회사원이 된다는 것은 회사라는 또 다른 가족의 구성원이 된다는 뜻으로, 사명감과 함께 우선 가져야 하는 것이 주인공의식이다. 일찍 출근하고 늦게 퇴근하는 회사의 관행에 불만보다 적응이 필요하며, 마음으로부터 우러나오는 회사에 대한 사랑과 자부심을 본인의 일언일행에서 자타가 느낄 수 있어야 한다.

2. 한국회사는 사원들간의 팀워크를 매우 중시한다. 현재 대부분의 한국회사는 여전히 진부한 가부장제가 지속되고 있으며, 서열관계가 명확하고 상하급 사이가 평등관계가 아닌 수직관계인 것이 특징적이다. 인간은 사회가 정한 규칙과 규제의 지배를 받기 마련이며, 거기에 적응하고 맞춰가면서 살아가야 하는 것은 사회생활의 보편적인 현상이다. 회사의 팀워크에 바로 적응하지 못하고 지나친 개인주의로 일관한다면 고립을 자초하게 되므로, 타부서와의 협동작업과 기타 팀원들간의 유대관계를 확고히 건립해야 한다.

3. 팀 상사와의 원활한 관계유지는 회사에 마음을 붙일 수 있는 필수적인 조건이다. 왜냐면 팀 상사의 눈밖에 나면 항상 불안한 마음으로 눈치를 봐야 하기 때문이다. 중국어에는 '현관縣官은 무섭지 않지만 현관現官이 무섭다不怕官, 只怕管'이라는 말이 있다. 일상에서 선배와 동료, 후배 가운데서 선배와의 관계가 가장 어려운 것처럼, 직장에서도 상사와 동료 및 후배직원과의 관계 중에서 팀 상사와의 관계가 가장 껄끄럽다. 필자의 경험으로는 경이원지敬而遠之의 관계가 명지한 처사라고 생각한다.

4. 회사의 관련 업무를 빠른 시간 내에 파악해야 하며 적극적이고 주동적인 자세가 필요하다. 업무파악이 적시적으로 이뤄지지 못하면 늘 잔업殘業이 진행되어 회사생활이 피곤해지며, 따라서 이는 스트레스가 쌓이는 주요인이 된다. 회사 업무에 익숙하지 못하면 곧바로 상

사의 눈밖에 나게 되고 진급이나 월급인상은 기본상 불가능하다. 업무파악과 더불어 빠른 일처리는 상사의 중용을 받을 수 있고 일을 쉽게 하는 필요조건이기도 하다.

5. 자신이 가지고 있는 장점이나 우세를 인지하고 충분히 발휘해야 한다. 대개 조선족은 한·중 이중 언어의 우세가 있으며, 중국문화에 대한 이해와 더불어 시장상황에 비교적 익숙하다. 언어와 인맥에 의한 우세로 거래처 확보와 업무추진에서 한국직원에게는 없는 자기 나름대로의 이점을 가지고 있다. 따라서 본인의 장점과 우세를 이용해 회사의 발전에 기여한다면, '잘나가는 직원'으로 상사의 중용을 받게 되는 것은 시간문제라고 볼 수 있다.

6. 회식 등 사내팀내 활동에 적극 참가해야 한다. 한국회사는 회식 등 단체 활동이 적지 않다. 그들은 회식을 통해 팀원들 지간의 마음의 거리를 좁히며, 아울러 공동체의식과 팀워크를 강화한다. 회식은 평소 껄끄럽던 상사와의 불편한 감정을 해소하고 다른 동료들과의 관계를 밀접히 할 수 있는 기회로 자주 빠지면 고립을 자초하며 왕따를 당한다. 회식에서 과도한 음주로 인한 과격한 언사는 삼가야 하며, 더욱이 추태를 부려서는 안 된다.

7. 자기의 독특한 아이디어 및 건설적인 대비책을 고안해 회사에 적극적으로 제출해야 한다. 공동체생활의 룰Rule을 지키면서 살아가는 인간은 개개인의 캐릭터와 특점을 가지고 있다. 즉 자기만의 노하우

와 생활경력의 경험을 바탕으로 회사의 발전에 유익한 합리적인 건의를 회의 및 회식 기회를 이용해 과감히 제기해야 한다. 그것은 상사의 채납여부를 떠나서 회사에 대한 관심과 '유용한 직원'으로 각인 받을 수 있는 호재로 작용할 수 있다.

8. 중국문화에 적응하듯이 한국문화에 재빨리 적응해야 한다. 조선족은 중한中韓 이중문화에 대해 대체로 이해하고 있지만, 중국에서 오래 살다보니 중국문화에 더 익숙하다. 하지만 한국화사는 엄연한 한국문화를 가지고 있고 조선족이 익숙한 중국문화와는 달리 언어와 매너, 음식습관과 사유관습이 많이 다르다. 그러한 한국문화에 익숙해야만 문화차이로 인한 이질감과 위화감에서 탈피할 수 있고 회사의 팀워크와 분위기에 빨리 적응할 수 있다.

9. 회사의 규칙을 엄수해야 하며 항상 자신에 대한 요구를 높여야 한다. 한국인 상사들이 가장 싫어하는 것이 이유 없이 지각·조퇴를 자주 하는 것이다. 출근시간을 잘 지켜야 하며, 업무에 관해서 수시로 상사한테 회보를 하고 외출할 때는 반드시 청가를 맡아야 한다. 그렇지 않으면 본의 아니게 상사를 무시하는 격이 되어 불필요한 오해를 사게 된다. 회사의 룰을 깨면 상사의 눈총 맞는다는 것을 명심해야 한다.

10. 회사 근무시간 내에 사적인 전화나 사담을 가급적 삼가야 한다. 정숙한 회사분위기를 파괴하고 정상적인 업무추진에 저촉되는 사적인 언행, 개인적 활동은 '잘릴정리해고 대상 1순위'에 꼽히는 이유이다.

그 외, 회사를 자주 옮기는 것은 금물이다. 현재 근무하고 있는 회사가 자신의 전공특장을 발휘할 수 있고 본인의 특성에 어울린다고 생각되면, 초지일관으로 인내심을 가지고 꾸준히 노력하는 것이 상사의 신임을 얻고 승직과 월급인상이 빨리 되는 지름길이다. 그리고 팀원 지간의 원만한 관계유지, 상사에 대한 바른 매너, 자기수양 제고와 업무에 필요한 외국어와 컴퓨터지식 숙달 등은 한국회사에서 성공하는 불가결의 필요조건이다.

한·중 경제발전과 조선족의 역할

현재 중국 내에는 200만 명 조선족이 연변자치주를 중심으로 중국 전역에서 생활하고 있다. 이들은 한·중 양국 간에 정치·경제·문화 교류가 깊어짐에 따라 법적으로는 중국의 국민, 문화적으로는 한민족으로서 이중의 정체성을 갖고 있다. 이러한 조선족의 '중간 집단화'의 성격이 한·중 경제발전에 중개자의 역할을 더욱 부각시키고 있는 것이다.

21세기 한·중 관계가 전략적동반자 관계로 발전되었고, 한·중 관계가 더욱 밀접해지고 있는 시점이다. 따라서 조선족의 이중 문화와 '중간 집단적' 성격이 더욱 부각되고 있으며, 한·중 관계에서 가교역할을 할 수 있는 중국동포의 중요성이 갈수록 주목받고 있다.

이러한 현실에도 불구하고 현재까지는 한·중 경제발전과 교류에서 조선족사회의 중개적 작용과 가교 역할에 관한 체계적인 연구가 미진한 상황이다. 특히 대부분의 한국 내 선행연구들이 한국 상품과 기업의 진출이 조선족사회와 문화에 미친 연구에 초점을 맞춰져 있지만, 한·중

관계발전에서 중요한 변수로 작용하는 조선족의 중차대한 역할을 간과되어 있다.

본 연구는 경제적인 측면을 위주로, 한·중 양국의 경제발전에 대한 조선족의 중요한 역할에 초점을 맞추고자 한다. 아울러 한·중 경제교류에서 조선족의 중개적 작용과 조정자의 역할, 조선족과 한국인의 상생관계에 포커스를 맞추고 연구의 주안점을 둔다.

현재 중국은 한국의 최대의 무역파트너, 최대의 수출시장, 최대의 투자대상국으로 부상하였다. 2001년 중국의 WTO 가입 이후 한국의 대중국 수출증가는 모든 경쟁국을 상회하였으며, 총수출에서 차지하는 중국에 대한 수출비중도 대만38.9%에 이어 한국이 2위21.3%를 차지하고 있다.

2002~2006년간 한국의 대중국 수출은 3.2배 증가하여 이미 미국2.1배, 일본2.2배, 대만2.3배을 초과하였으며, 2005년에는 대만을 제치고 일본에 이어 중국 수출 2위 국가로 부상했다. 이는 한국과 중국이 경제발전에서 불가분리의 관계에 놓여있다는 확증으로, 21세기 한·중 관계가 전략적 동반자로 발전한 이유이기도 하다.

중국이 최근 몇 년 전부터 한국의 최대무역국 및 경제파트너로 부상할 수 있도록 중개자 역할을 한 것이 바로 중국 전역에서 생활하고 있는 200만 중국동포들이다.

한·중 경제발전에 따라 많은 조선족들이 중국에 진출한 한국기업에 취직해 그들의 선진기술과 경영방법을 배웠으며, 일부 중국동포들은 한국에서 벌어온 돈과 배워온 기술 및 관리경험을 이용하여 고향에 돌아와 제조업체와 서비스업체를 세웠다. 또 일부는 대도시에 진출해 가공업체나 서비스업체를 운영하고 있는데, 그들은 이미 기업체 규모와 무역기반 및 소비시장을 점유했고 인맥과 인적자원을 포함한 네트워크를 형성하고 있다.

현재 조선족사회는 해외의 선진적인 경제이념과 관리경험을 체험한 고급인력과 해외유학을 한 풍부한 엘리트 지식자원을 갖고 있으며, 이러한 인력과 지식자원은 21세기의 한·중 경제발전에 적극적인 작용과 중대한 역할을 하게 될 것이다.

1992년 한·중 수교 이후 조선족사회는 자신들의 문화 장점과 이중 정체성 및 특수지위를 이용해 한국과 중국 양국 간의 경제발전에 빛과 소금과 같은 중개적인 작용과 조정자의 역할을 감당했고, 향후 조선족의 이러한 역할은 더욱 커질 것이다. 따라서 조선족들의 적극적인 역할로 인해 한·중 경제관계는 더욱 빠르게 발전할 것이며, 중국 내륙지역의 발전에도 탄력을 부여할 수 있을 것이다.

조선족의 중국 내지에로의 진출 역시 한·중 경제발전에 따른 한국기업의 중국진출과 밀접한 관계를 맺고 있다. 최근 연해와 대도시로 진출한 조선족들은 대부분 한국기업과 관련된 분야에 종사하고 있는 상황도 조선족들의 한국기업에 대한 이해와 더불어 중요한 역할을 할 수 있는 객관적인 여건을 마련했다. 중국 대도시에서의 새로운 조선족타운의 형성 및 발전도 한·중 양국의 동반자 관계의 승격과 급속한 경제발전과도 밀접한 관계가 있다.

조선족사회가 한국에 미치는 영향력은 주로 두 가지로, 한민족인 중국동포로서의 특유의 민족적인 유대 작용과 이중문화의 장점을 통한 한·중 경제문화교류에서의 중개자 및 조정자의 가교 역할이다. 특히 오랜 세월동안 한민족의 문화를 보존해 온 조선족사회는 한반도 평화와 발전에 미치는 영향은 더욱 크다고 할 수 있다.

1990년대 중반 한국인들의 중국관광 붐과 기업들의 중국진출에서 중요한 중개적 지역은 연변자치주를 비롯한 조선족사회이었고, 가장 중요한 매개자도 같은 문화를 공유한 조선족이었다. 한국기업이 중국진출에서 실패한 사례들을 분석해 보면, 중국문화에 적응하려는 노력의 부족과 문화적인 배타성을 중요한 원인으로 꼽을 수 있다. 그 외, 조선족의 문화적 특성과 장점을 활용하지 못한 것도 실패의 한 원인으로 지적된다.

한국기업의 중국진출에서 조선족의 역할은 매우 뚜렷하다. 특히 한국 중소기업이 중국진출에서 성공한 중요한 원인이 조선족의 특유한 역할을 적극적으로 활용했기 때문이다. 따라서 한국기업의 성공여부가 한국인과 조선족 간의 화합에 달렸다고 해도 과언이 아니다.

중국 진출 초기 조선족들과 화합을 잘 이룬 한국기업은 성공한 반면, 조선족들의 작용을 무시한 기업은 성공률이 높지 못했다. 일본인들은 청도에 진출한 한국기업이 일본기업의 15배나 되는 사례를 들면서, 한국기업의 중국진출 및 발전에 조선족동포들이 엄청나게 기여한 사실을 부러워했다.

한국인들은 좀 더 관용적이고 장기적인 시각에서 중국에서의 조선족사회의 지위와 역할을 인식하고 활용한다면, 한·중 경제관계에서 훨씬 더 유익한 것들을 얻을 수 있을 것이다.

현재 조선족의 세계화는 중국의 해외진출이 확대되면서 가속화되고 있다. 고국인 한국을 비롯해 해외로 나간 조선족이 50~60만으로 추정되고, 연해도시로 진출한 조선족이 50만을 상회한다. 중국에 진출한 한국기업들은 중국전역에 있는 상당한 자본력과 자생력을 갖춘 2만여 개의 조선족기업들을 합작파트너로 삼고 그들이 갖고 있는 자본·인맥과 정보·시장을 공유한다면, 한국기업들이 중국에서의 더욱 큰 발전을 이룩할 수 있을 것이다.

한국자본과 선진적인 기술 및 현지 조선족들이 소유한 인맥과 시장이 상부상조의 협력관계로 발전한다면, 쌍방은 상호 이익의 '윈-윈 효과'를 거둘 것이다. 아울러 한국기업이 중국에서의 인맥과 시장개척 등 면에서 부딪치는 어려움과 좌절이 크게 줄어들 것이다.

따라서 단순한 중개적 작용을 넘어 중국전역에서 왕성한 생활력과 풍부한 인적자원을 갖고 있고, 시장과 인맥을 보유한 조선족기업들과

동등한 파트너십 및 상호신뢰를 구축하면서 네트워크를 형성하는 것
이 중요하다. 아울러 한민족인 중국동포·조선족의 우세와 장점을 적
극 활용한다면, 한국기업들은 중국에서의 실패를 줄이고 성공을 보장
받게 될 것이다.

중국동포 인상 속의 '고국이미지'

1992년 한·중 수교 이후 중국동포들은 고국인 한국에 대한 동경지심과 더불어 많은 이들이 여러 가지 도경을 통해 한국에 다녀왔으며, 현재 한국에 체류 중인 중국동포는 40만에 육박한다. 대부분의 한국인들이 재한중국동포들에 대한 이미지는 한겨레·동포이면서도 '중국인'으로 이중성격을 가진 한민족으로 각인되어 있다. 아울러 중국동포들에 대한 그들의 시각은 매우 복잡하며 한두 마디로 말하기 어려운, 일구난설이다.

최근 방문취업제가 실행되면서 한국행에 지대한 관심을 가지고 있는 중국동포들이 고국인 한국에 대한 이미지 역시 애증후박愛憎厚薄이 뒤섞이어 있고, 그 증애憎愛에 대해 한 두 마디로 개괄하기 어려운 실정이다. 현재 고국에 체류하고 있는 중국동포들은 문화 차이로 인한 이질감과 위화감을 느끼고 있으며, 대부분이 수도권에 집중하여 공동체적 타운을 형성해 생활하고 있다.

가깝지만 멀기도 한 고국인 한국은 많은 중국동포들에게 꿈에도 가

 그래도 희망은 대한민국

보고 싶은 곳이고 '부자의 꿈'을 이룰 수 있는, 고국이기도 하다. 또한 경제가 발전한 고국·한국이 있음으로 하여 대다수 중국동포들은 더 없는 자긍심과 민족 우월감을 느끼기도 한다. 예컨대 한국이 2002년 한·일 월드컵에서 '4강 신화'를 창조하였을 때 많은 중국동포들의 열정적인 응원이 단적인 사례로, 이는 '피는 물보다 진하다'는 격언을 실증해주었다.

하지만 그들이 갖은 간난신고와 막대한 비용을 지불하고 고국 땅에 도착했을 때, 그들이 느끼는 생소감과 소원감은 말할 수 없이 크다. 그들이 인천국제공항에 도착해 입국수속을 할 때, 출입국관리소 공무원들의 냉대와 가탈 부리는 언행들은 방금 전까지 비행기 안에서 곧 고국 땅을 밟는다는 부풀어진 마음에 찬물을 끼얹고 만다. 난민입국을 심사하는 듯한 공항공무원들의 냉담한 태도와 불친절에 고국에 대한 이미지는 금세 땅에 떨어진다.

아이러니한 것은 같은 '붉은 여권'임에도 불구하고 언어가 통하지 않은 오리지널 중국인들은 무난히 통과되는 반면, 언어가 통하는 중국동포들은 무넌이노 곤성을 지른나. 내개 공항사무소에시 재심사를 받는 이들은 중동국가에서 온 '테러대상'으로 취급받는 아랍인들과 중국동포들이다. 이는 한국 공무원들의 편견과 불신이 작용한 것으로, 불원천리 '코리안 드림'을 안고 찾아온 한겨레인 중국동포들에 대한 지대한 모욕이다.

한국에 다녀온 많은 중국동포들은 '고국이미지'로, 불친절한 공항의 출입국관리소 공무원들을 떠올리고 그들의 차별과 기시를 거론한다. 또한 한국인들의 착잡한 눈길과 편견적인 언행에서 자격지심을 절감하면서, 한국인들에 대한 마음의 문을 더욱 굳게 닫고 만다.

오늘날 한국에서 생활하고 있는 중국동포들은 고국을 돈버는 '삶의 현장'으로 생각하고 있고, 반면 선입견에 찬 눈길로 이들을 바라보고 있는 한국인들은 이색적인 중국동포들을 단순히 고국에 돈 벌러 온 외국인노동자, 값싼 노동력으로 취급하고 있는 상황이다. 유의할 점은 현재 한국인과 중국동포 간의 관계는 고용과 피고용의 불평등한 관계이며, 노동력을 파는 일방과 돈을 주고 고용하는 관계로서 대등하지 못한 전제를 깔고 있다는 것이다.

한편 사회주의 계획경제시대에서 '편하게' 일해 왔던 중국동포들은 고국 땅에 발을 들여놓는 순간부터 자본주의 시장경제의 치열한 경쟁과 잔혹성에 직면하게 되며, 동포의 정보다 이윤추구를 첫자리에 놓는 한국 업주들의 중국동포에 대한 편견과 몰인정을 절감하게 된다. 비록 언어가 통하고 음식은 입에 맞지만, 부동한 사유방식과 생활스타일 및 노동 여건과 강도에 바로 적응하지 못하면서 불편함과 소원감을 느끼게 된다.

특히 일부 악덕업주들의 인격기시와 임금체불 등은 중국동포들로 하여금 '비정한 고국', 매정스런 한국인에 대한 이미지를 더욱 나쁘게

 그래도 희망은 대한민국

만든다. 현재 주로 3D 업종에 종사하고 있는 중국동포들은 열악한 노동조건과 긴 노동시간동안 강도 높은 체력노동을 하고 있다. 하지만 그들이 받는 보수는 한국인에 비해 퍽 적고, 업주로부터 수시로 잘릴 위험성을 감수해야 하는 불안한 환경 속에서 힘든 나날들을 보내고 있는 상황이다.

최근 한국경제의 장기불황에 따른 중소기업들의 불경기가 지속되면서 외국인노동자들을 대량 고용하고 있는 상황이지만, 이윤창출이 부진함에 따라 임금삭감과 체불현상이 보편화되고 있다. 이러한 환경에서 중국동포들은 생존을 위해 일자리를 자주 옮기게 되며, 한국기업과 업주에 대한 불신과 원성의 목소리가 높아지고 있는 것이 현실이다. 따라서 노동환경에 대한 개선과 임금보장은 중국동포들이 바라는 최대의 희망사항이며, 또한 한국기업과 업주에 대한 가장 큰 불만의 이유이다.

중국에 진출한 한국기업 중, 초기 조선족들의 도움을 받지 않은 기업은 거의 없다. 현재 한국기업에서 근무하고 있는 조선족들은 현지 사정에 밝고 대부분이 고등교육을 받은 엘리트들이며, 2~3개의 언어를 장악하고 있는 우수한 젊은이들이다. 하지만 그들이 받는 월급은 현지 한국인들에 비해 매우 적으며, 인격적 기시와 불신을 받아 중용되지 못하고 있다.

일부 한국 기업인들은 사업이 잘못되면, 진심으로 도와준 조선족들을 탓하면서 그들을 무시하며 원망한다. 물론 일부 조선족들의 불미스러운 언행 및 사업태도가 문제되지만, 우선 그들을 인정·신임해주고 공헌한 만큼 대우를 해주는 것이 중요하다. 최근 들어 북경·상해 등 대도시의 조선족 해외유학파·고급엘리트들이 한국기업을 사직하고 중국이나 외국기업에 취직하는 현상에 대해 한국인들은 모름지기 심사숙고해볼 필요가 있다.

그 외, 한국인들에 대한 중국동포들의 불신과 원망은 여러 가지 원인에서 기인된다. 최근 조선족사회에 만행되고 있는 브로커들의 출국 사기협잡에도 거개 한국인브로커들이 개입되어 있고, 일부 몰지각한 한국인들이 출국을 미끼로 조선족들을 사기치고 기편하는 행위가 많은 중국동포들이 분개하고 경멸하는 이유가 된다. 일부 한국인들은 중국에 가서 동포들에게 무엇이나 다 해결해준다고 장담한 후, 한국에 돌아와서는 '꿩 구워 먹은' 소식이다.

현재 많은 중국동포들이 한국가정에서 가정부로 일하고 있다. 그들은 가정부를 하인취급을 하고 있고, 심지어 한자리에서 식사를 하는 것도 거부하면서 중국동포들에게 난생 처음 받아보는 설움과 심각한 자격지심을 심어준다. 많은 선량한 중국동포들은 중국에서 평생 받지 못했던 수모를 한국에서 받고 있다.

현재 각종 원인으로 중국동포들과 한국인들의 관계는 경이원지敬而遠之로, 분열과 불신의 파열음은 커져만 가고 있다. 서로의 잘못을 상

 그래도 희망은 대한민국

대에게만 찾고 자기잘못은 인정하지 않고 있어, 흡사 '이혼을 앞둔 부부'를 방불케 한다. 지구상 유일한 분단국가에서 살고 있는 것만 해도 서럽고 원통한데, 말로만 한민족인 우리민족은 사실상 '두 민족'으로 사분오열되고 있으니 실로 슬프고 통탄한 일이다.

한국정부가 해외동포인 중국동포들을 포용하는 재외동포정책을 실행하고 한국인들의 중국동포에 대한 일상차별과 사회적 기시가 철저하게 사라졌을 때, 중국동포 인상 속의 고국의 심상image은 '숭고하고 친절하며 따뜻한 이미지'로 다가올 것이다.

방문취업제 개선책, 한국정부에 바란다

2007년부터 실행된 방문취업제는 그동안의 동포차별화와 문제점을 해소하기 위해 제정되었고, 시행 중에 있지만 여러 가지 문제점을 동반하고 있는 것이 엄연한 현실이다.

방문취업제 추진 중 현존하는 문제점

첫째, 현재 취업대기 중 일부 중국동포들이 임시거처로 조선족교회 등 동포지원 시민단체 시설을 이용하고 있는데, 그 이유는 저렴한 숙식비용과 취업정보 등을 파악하기 위한 것으로 판단된다. 하지만 동포지원 시민단체의 열악한 재정·시설로 취업과 체류관리 및 법률상담 능력 한계 등 문제점을 갖고 있다. 최근 합법적 취업요건을 갖춘 사업체가 부족해 취업교육을 받은 동포는 10만이 넘지만, 취업가능 사업체 고용허용인원은 6만에 불과하다.

둘째, 정부가 허용하는 현재의 34개 취업업종으로 구직요건이 부족하다. 동포들은 취업교육 후 특례고용가능확인서를 발급받은 업체에 취직하지만, '확인서'를 발급받지 않은 업체에서 취업하면 불법취업으로 처벌대상이 된다. 사용자는 고용허가제법 제12조와 시행령 제20조에 의해 노동부 '확인서'를 발급받아 동포를 고용한다. 최근 들어 불법취업으로 처벌받은 동포들의 '취업허용업종' 이의 제기 민원이 자주 발생하는 상황을 감안, 법무부는 불법취업 요인의 억제를 위해 현행 허용업종의 확대를 추진할 필요가 있다.

셋째, 방문취업제 실시 후 사증신청 폭증으로 수수료를 챙기기 위한 브로커 개입의 서류위조가 빈번하다. 법무부는 친척관계 입증서류로 가족관계 외 친족관계 확인을 위해 가족사진 등 자료를 심사에 활용하지만, 실제 중국에서 친족관계 증명서류를 발급하지 않아 브로커들이 친족관계 입증서류를 위조하는 등 불법입국을 알선하고 있다. 심지어 일부 브로커들은 고액의 수수료를 갈취하기 위해 초청자 호적등본과 주민등록증 및 피초청자 호구부 등을 위조하도록 사촉하는데, 결국 피해를 입는 쪽은 선량한 중국동포들이다.

넷째, 최근 노동부 외국인력고용팀 이태희 팀장은 "현재 사업주와 취업동포들이 합법취업 고용절차를 제대로 지키지 않는 사례가 비일비재2007년 취업교육 실적은 72,400명이지만 신고건수는 18,352건임하다. 따라서 동포 취업실태 파악에 한계가 존재하며, 고용사업장 관리가 미흡하여 동포들이 인권사각지대에 노출되고 있다"고 지적했다. 또한 동포취업에 과도한 자율권이 부여사실상 방임되어, 불법인력 소개업자가 난립하고 있다. 작년 초 발생한 이천 화재참사가 이들 문제가 복합적으로 드러난 사건으로 볼 수 있다.

다섯째, 방문취업제 혜택 수혜대상인 중국동포사회에서는 한국어 시험장소 배정의 불합리성, 브로커 개입 및 고액 수수료 갈취 등 문제점을 동포언론들이 지적하면서 해결책을 호소하고 있다. 2007년 중국동포밀집지역 동북3성에 배정된 시험장소 부족으로 동포들의 불만이 고조되었다. 2008년 연길과 할빈지역에 추가 배정되었지만, 여전히 '공급이 수요를 만족시키지 못하고 있다.' 게다가 시행과정 중 공정성과 투명성이 거론되면서 '시험' 관련 비리는 동포 사회문제로 대두되었고, 이는 점차 고국 원망과 불신으로 이어지고 있다.

방문취업제 개선방안 및 정책제언

첫째, 법무부의 동포 일시귀국 및 단계별 사회적응 지원

우선적으로 장기간 구직하지 못한 동포들에 대한 일시귀국 지원이 시급하다. 최근 법무부는 현장답사와 조사를 통한 무연고동포 체류실태를 구체적으로 파악하고, 장기간 구직하지 못한 동포 귀국지원 및 단계별 지원방안을 추진 중인데 이는 바람직한 현상이다.

법무부는 일시귀국 동포에 대해 노동부 등 관계부처와 함께 귀국지원과 연락체계 구축을 강화하고, 취업지원과 취업알선 상담전문팀 설립을 추진해야 한다. 또한 무연고동포 취업이 힘든 실정을 감안해 정

 그래도 희망은 대한민국

부는 취업절차 간소화와 소통을 위한 '대화의 장'을 마련하고, 민간단체와의 지원협의체 구성 및 체계적인 동포체류지원센터 설립·운영이 필요하다.

둘째, 노동부의 취업허용업종 확대 및 취업절차 간소화

우선 노동부 특례고용가능확인서 발급요건을 대폭 완화해야 한다. 동포고용 사업체에 대한 불합리한 규제 완화와 제한적 규정을 개정하고, 인터넷 등에 의한 '확인서' 발급신청을 허용해야 한다. 장기적으로 '확인서' 발급제도를 폐지하고, 단기적으로 내국인 고용기회를 침해하지 않는 것을 전제로 현행 취업허용업종 확대 및 취업절차를 간소화해야 한다.

물론 '국내의 노동시장 혼란'을 피면하기 위해서는 법무부의 쿼터제가 단기적으로 필요한 상황이라고 할 수 있다. 한편 동포취업 활동이 수도권 중심의 건설업과 서비스업종에 집중된 점을 감안해 취업업종을 인력난이 심각한 중소기업과 외국인력이 필요한 농·어촌지역으로 확대해야 하며, 궁극적으로 모든 업종에서 자유로운 취업활동을 허용해야 한다.

셋째, 사용주와의 '고용계약' 폐지 및 취업자유화 실시

최길도 귀한동포연합총회 사무총장은 현행 제도의 문제점은 "무연고동포들에 대한 취업업종 규제와 사업주의 동포고용 절차가 너무나 까다롭고 복잡한데서 기인된다"고 지적했다. 그는 "무연고동포들이 입국 후 외국인등록증 신청과 취업교육 및 구직신청을 하는데 30~35일이 소요되지만 많은 동포들이 사전준비가 전무한 상태에서 무작정 입국해 낭패를 보는 경우가 많으며, 이는 사전 홍보의 부족으로 발생하는 문제"라고 설명했다.

현재 취업교육을 받은 동포들이 구직이 어려운 주요 원인은 사용주에 대한 과도한 규제와 취업업종 제한 및 동포취업 절차의 번다함 때문이므로, 특례고용가능확인서 발급제도와 문제가 되는 사업주와의 '고용계약'을 폐지하고 취업자유화를 빠른 기일 내에 실시해야 한다. 한마디로 취업절차 간소화와 모든 업종에서의 취업자유화 실시가 국내 체류동포들의 구직문제를 해결하는 키워드 및 첩경이라고 할 수 있다.

넷째, 구인구직 정보공유 및 동포 사회정착지원 강화

이우영 노동부 외국인력고용팀 사무관은 "정부는 동포들의 국내체류와 취업활동에 불합리한 제재조치에 대한 개선방안을 강구해야 하며, 동포들에게 피해를 주는 불법 인력소개소 집중단속을 실시해 동포들의 권익을 보호해야 한다. 동포들의 안정적 취업활동을 위해 입국 전 근로계약 체결방안을 추진하며, 우선적으로 국내 동포고용기업과 현지 구직동포 간 정보공유체계를 마련하는 것이 중요하다"고 지적했다.

정부는 동포 노동력의 유입을 탄력적으로 조정하면서 일반 외국인

근로자가 취업하기 어려운 업종서비스업 등과 제조업 등 인력난이 심각한 업종을 중심으로 동포고용업종을 확대하고, 체류기간 중 동포 사회정착지원을 강화해야 한다. 또한 동포지원 민간단체와의 네트워킹을 통한 서비스시스템을 구축하고, 최근 노동부 고용지원센터에서 시행하고 있는 구인구직 만남의 날을 온라인·오프라인으로 연중 상설화를 추진해야 한다.

다섯째, 재외동포와 고국 간 유대강화 및 사회통합 차원 접근

윤인진 고려대 사회학과 교수는 "외국국적동포 문제는 단지 노동력수급 차원에서 접근해서는 안 되며, 재외동포와 고국 간 유대강화 및 다문화시대에 걸맞는 재외동포정책 추진 차원에서 접근해야 한다. 장기적으로는 남북한 사회통합을 준비한다는 통일정책 차원에서 접근을 모색해야 하며, 외국인력의 정주화와 사회문화적 통합문제까지 고려한다면 해외동포 인력에 대한 활용을 적극적으로 모색할 필요가 있다"고 지적했다.

해외동포 인력을 국내시장의 수요에 알맞게 활용하면 국내 노동력 부족 문제를 해결할 뿐만 아니라, 동포들의 민족경제와 민족공동체 발전에도 도움이 되기 때문에 해외 한민족공동체 발전에도 크게 기여할 것이다. 따라서 정부가 방문취업제를 실시해 해외무연고동포 인력 비중을 늘리는 것은 단기적·장기적 측면에서 모두 바람직하다.

여섯째, 제3차 자진출국프로그램 실시 및 재외동포법 전면 실행

한국사회 외국인정책 아킬레스건은 외국인노동자 40~50% 차지하는 20여 만의 방대한 불법체류자 집단이다. 이들은 통제 및 체계적 관리가 어려워 인권사각지대에 노출되고, 각종 사회범죄에도 연루되고 있어 정부는 사회통합 차원에서 심중히 고려해야 한다. 법무부는 이미 두 차례 동포자진출국프로그램으로 좋은 효과를 거두었고, 제3차 자진출국프로그램을 실시해 불법체류 외국인들에게 자진출국 시킨 후 재입국기회를 부여해야 한다.

불원간 방문취업제를 폐지하고 자유왕래와 합법적 취업을 보장하며, 동포들이 국내 노동시장 수요에 근거해 자율적으로 입국시기를 조절하게 해야 한다. 또한 국내 취업지원단체가 동포사회 합법단체와 입국 전 취업근로계약을 체결하게 하고, 까다로운 취업절차를 개선해야 한다. 정부는 재외동포법의 전면 시행에 주력하며, 궁극적으로 중국동포와 모든 해외동포에게 고국 자유왕래 및 모든 업종에서의 합법 취업을 보장해야 한다.

오늘날 한국농촌에 투영된 미래의 '조선족농촌'

현재 한국농촌이 당면한 상황에 대해 많은 전문가들은 '위기'라고 말하며, 갈수록 어려워지는 농촌의 현실에 대해 긍정적 측면보다 부정적인 평가가 지배적이다. 우선 농촌의 주산업인 농업의 어려움이 상당한 수준에 달하고 있으며, 농업생산성은 지속적으로 증대되었지만 개방화에 따른 농산물 가격 하락 및 투입재의 가격상승으로 대부분의 농가소득은 정체상태에 있다. 한 마디로 농촌은 '먹고 살기가 어려운 곳'이다.

1960년대 이후 한국사회가 산업화·도시화시대에 진입한 후, 경제개발 5개년계획과 같은 국가주도의 경제계획에 힘입어 고도의 경제성장을 달성했다. 그러나 한국사회가 놀라운 발전의 문제를 보이는 것과는 대조적으로 상대적 낙후성을 면치 못하는 부문으로 갈수록 황폐화되고 있는 농업 및 농촌문제의 심각성을 꼽을 수 있다.

한국농촌은 경제기반뿐 아니라 생활공간으로서도 상대적으로 건실하지 못하며, 가장 기초적인 생활환경과 의료·복지여건 및 교육여건

등이 도시에 비해 상대적으로 좋지 않은 '생활하기 불편한 곳'으로 전락되었다. 이는 도시화와 산업화의 결과이기도 하다.

의료기관의 90% 이상이 도시에 집중되어 농촌의 의료시설과 사회복지 인프라는 절대적으로 빈곤하며, 보육시설이 마련되지 않은 읍과 면이 많고 학교규모도 점차 축소되어 복식학급의 증가와 비전공 교사가 수업하는 현상이 많아져 교육의 질이 대폭 저하되고 있는 상황이다. 그리고 많은 이들이 '먹고 살기 어렵고 생활하기 불편한 곳'을 떠나 도시로 이동함에 따라 농촌인구는 1960년의 72%에서 2005년 18.5%로 지속적으로 감소되었으며, 인구의 감소와 함께 고령화가 심화되고 있어 농촌 지역사회는 갈수록 활력을 잃어가고 있다.

한국농촌의 가장 큰 문제는 노동력의 고령화와 노동력의 인구부족이다. 산업화와 도시화의 발전에 따라 젊은 세대들이 도시로 진출해 2차·3차 산업에 종사하다보니 1차 산업인 농업에 종사하는 노동력은 60~70대 노인들이며, 농촌의 노동인구가 급속히 감소함에 따라 영농 후계자가 없는 상황이다. 또한 WTO 정책에 의한 농산물 개방으로 외국농산물과의 품질 및 가격경쟁력이 격화되고 있으며, 농촌의 고령화가 정보통신산업이 급속히 발전하는 사회변화에 적응하지 못해 새로운 부가가치를 창출하지 못하고 있는 것도 농촌의 딜레마다.

현재 한국농촌은 '아이들의 울음소리를 들을 수 없는' 노인들의 세상인 '노인천하'로 변화되었으며, 추석이나 설날 같은 명절이 되어야만 차량과 인파가 북적거리는 진풍경이 벌어진다. 이러한 농업문제와 농촌상황은 한국사회가 도농격차를 줄이고 선진국으로 진입하는데 걸림돌이 되고 있다. 얼마 전 한미 FTA의 체결에서 볼 수 있듯이 한국이 세계경제질서에로의 편입과 세계화시대로 가는데 역기능의 작용을 하는, 보수적인 '신토불이'로 전락하고 있다. 요컨대 낙후한 농촌현실의 해결이 없이는 명실상부한 선진국으로 될 수 없다는 말이 된다.

개혁개방 이후 조선족농촌은 몰라보게 변했으며, 거대한 변화가 일어났다. 1980~90년대 산업화와 도시화의 진척에 따라 농촌 잉여 노동력의 도시진출 붐이 일면서 젊은 세대들이 인근도시나 연해지역으로 대량 진출하였다.

최근에는 해외출국 열조로 노무송출 등의 방식으로 외국에 달러벌이로 떠나면서 농촌인구는 급감하였고, 학생자원의 부족으로 농촌교육이 붕괴되고 있다. 따라서 노약자들만 남아있는 황폐화 현상이 심화되고 있으며, 이러한 상황이 지속된다면 조선족농촌은 불원간 명실공히 노약자 '천국'으로 전락되고 말 것이다.

그리고 위장결혼에 따른 이혼이 성행됨에 따라 편부모 가장이 늘어나고 있으며, 젊은 처녀들의 도시진출과 국제결혼의 증가로 결혼 못한 노총각들이 급증되고 있다. 인구의 대량유실은 농촌 황폐화 현상을 초래하였고, 도시의 인구과잉과 환경위생 및 치안상황에도 적지 않은 영향을 미치고 있다.

더욱 엄중한 것은 현재 많은 조선족농민들이 토지를 타민족에게 양도하고 도시와 해외로 나가고 있다는 점이다. '땅'을 잃은 농민들은 도시진출에서 실패할 경우, '도시빈민층이나 남의 땅을 부치는 소작농으로 전락될 것'이라고 전문가들은 충고한다.

정신철 교수는 "개혁개방 이후 조선족농촌은 도시와 해외진출 등 인구이동으로 농촌인구감소와 토지양도문제가 아주 돌출하게 대두되었다. 민족집거지 농촌의 토지는 우리선조들이 피땀으로 개척한 민족기반이며, 이러한 땅을 무분별하게 타민족에 양도할 경우 토지상실이 가시화된다. 때문에 토지양도에서 본 마을의 같은 민족에게 우선적으로 양도하고 될수록 타민족에게는 양도하지 말아야 한다. 향후 중국의 농촌토지정책에 따라 토지소유자의 권리는 더욱 확대되고 땅 잃은 자는 '지주'에서 '소작농'으로 윤락될 것이다."고 지적했다.

최근 도시화와 해외출국으로 인한 농촌 황폐화 현상과 토지유실 상황이 심화됨에 따라 도시에 진출한 '농민공' 임시노동자들은 돌아올 '근거지'를 잃게 될 것이며, 도시진출 가속화는 민족동화에 따른 '민족해체' 등 사회문제를 야기하고 있다. 민족의 뿌리가 있는 농촌과 '땅'을 잃게 되면 우리민족의 정체성 위기의 심각화와 함께 대륙 속에 서서히 동화되어 '민족성'과 정체성을 상실해갈수도 있다는 것을 명심할 필요가 있다. 뿌리를 잃은 민족은 구심력을 잃은 갈대와 부평초와 같은 유랑자의 신세를 면치 못할 것이다.

물론 1960년대의 산업화와 1970년대의 '새마을운동'을 거쳐 1980년대에 이미 '반기계화'를 실현한 한국농촌의 경제발전에 따른 도시진출, 고령화 현상으로 인한 노동력 부족상황을 현재 변화 중에 있는 중국의 농촌상황과 동일한 조건과 차원에서 비교하는 것은 무리가 있을 것이다.

그리고 도시화 발전에 기여한 한국농촌의 인구이동은 민족동화와 같은 사회적 문제들이 존재하지 않는 반면, 조선족의 인구이동에 따른 농촌 황폐화는 민족동화와 민족해체 위기를 동반하는 '악과'를 초래할 가능성이 크다는 점에서 우려의 소지가 크다.

최근 중국정부는 3농三農 문제 해결의 중요성을 인식하고 농업발전에 유리한 많은 농업정책들을 추진하고 있다. 정부가 추진하는 농업세 폐지와 농업 보조금 정책실시 및 농촌 의무교육과 의료시설 지원, 농경지 수리건설과 농촌 인프라 건설 확대 등 삼농 문제 해결을 위한 적시적인 조치라고 할 수 있다.

이러한 사회주의 신新농촌건설 프로젝트 추진은 조선족농촌에 현존하는 문제해결에 큰 도움이 될 것이다. 따라서 농촌을 지키고 소중한 '땅'을 보유하는 것은 민족의 정체성을 지키고, 민족의 동화 및 해체를 방지하는 것과 직결된다고 볼 수 있다.

중국산과 신토불이의 상생관계

흔히 중국산은 한국인들에게 '값싸고 저질 싸구려'로 각인되어 있다. 최근 중국산 먹거리가 한국시장에 밀물처럼 밀려들고 있고, 일부 문제점 및 사건의 빌미를 제공하면서 국산 '신토불이'를 죽이는 '주범'으로 지목된 것이다. 게다가 한국 언론의 편파적 보도로 그 '피해'가 더욱 부각되고 있다. 그럼에도 불구하고 '돈 없는' 많은 서민들은 중국산 먹거리를 여전히 애용하고 있다는 현실에, 아이러니를 느끼지 않을 수 없다.

언론에 의한 중국산 '문제점'은 해결되기는커녕, 그 파장이 고스란히 소비자들에게 돌아가고 있다. 당장 김치가격이 급등하고 있는 점은 이를 잘 말해준다. 이미 한국인들의 식탁은 중국산이 점령한지 오래다. 특히 서민들의 경우 매일 중국산을 먹는 실정인데, '중국산은 무조건 저질·비위생적'이란 인상을 심어주는 것은 빈익빈부익부의 한국사회에서 심한 갈등을 느끼고 있는 서민들에 대한 가배의 모욕이며, 소비자들에 대한 오도誤導이다.

통계에 의하면 한국에서 작년 1년 중국에서 수입된 김치는 7만 3000톤, 올해에는 연말까지 10만 톤을 넘어설 것으로 추산되고 있다. 이들 중국산 김치 대부분은 포장 김치로 판매되는 것이 아니라, 일반 음식점이나 학교 등 급식장에 공급된다. 현재 한국의 식당에서 먹는 김치의 절반 이상은 중국산 김치이며, 품질이 양호하고 값이 싼 중국산 김치가 한국시장에서 '인정을 받고' 유통되고 있는 것이 현실 상황이다.

일본은 중국산 농수산물의 최대의 수입상이며, 중국이 수출한 농산물 중 대일본 수출이 약 30%를 차지한다. 일본의 식품관련 대기업들이 대부분 중국에 진출해 있으며, 일본기업들은 예외 없이 중국 현지에 기술자를 파견해 식품공장의 품질관리 상태와 제품의 상태를 점검한다. 이들은 부두까지 나가 자신이 점검한 상품이 제대로 컨테이너에 실리는지 확인한 뒤 봉인작업까지 마치고 일본으로 보낸다.

반면 한국의 수출입기업들은 일본기업처럼 공개적이고 투명하게 중국산을 다루지 않으며, 가끔 중국산이 '한국산'으로 둔갑하는 일도 벌어진다. 예컨대 중국산 황도黃桃는 흔히 반가공적 상태로 한국에 수입되는데, 이것을 녹여서 통조림을 만들면 이른바 '한국산'이 된다. 현지에서 만들면 더 신선하고 품질관리가 쉽지만, 중국산을 수입한다는 따가운 시선을 피하기 위해 이런 편법으로 소비자들을 기편하고 있는 것이다.

주목되는 것은 현재 한국의 중국산 농수산품 시장은 저가低價시장만 열려 있다는 점이다. 최근 '중국산＝저급품'이라는 대부분 한국인들의 인식은 실제로 한국의 식품 유통체계가 빚어낸 것이다. 중국산이라도 1급은 품질관리도 잘 되고 우수하다. 중국에서 일본과 유럽 등지에 수출하는 미역·표고버섯·멸치·조기 등 1급 수출품은 품질이 우수하며, 따라서 각국 소비자들의 환영을 받고 있다.

한국 유통업자들이 저가격만 선호하기 때문에, 중국의 업체들은 1급은 당연히 일본이나 유럽으로 보내고, 한국으로 보낼 것은 중·저급품 가운데서만 챙기게 되는 것이다.

일본 수입업자들은 먼저 품질기준을 제시한 뒤 가격 흥정을 하는 반면, 한국 유통업자들은 먼저 가격을 제시하고 거기에 물건을 '맞춰달라'고 한다. 이것이 현재 한국시장에서 중국산 저급품만 유통되는 주요원이며, 많은 '문제점'을 동반하고 있는 이유이기도 하다.

현재 문제화되고 있는 중국산 김치에는 한국 유통업자들의 무책임성과 '이윤추구'가 한몫하고 있다는 것을 간과해서는 안 될 것이다. 중국산 김치 1등품은 가격에는 별로 신경을 쓰지 않고 질량보증을 우선시하는 일본 등지에 수출되고 있고, 반면 가격에만 집착하는 한국에는 중·저급품 값싼 김치가 수입되어 유통되고 있는 것이다.

안타까운 것은 현재 한국 국내경기의 불황이 장기간 지속되다 보니, 국제수출시장에서도 '저가시장'이란 낙인이 찍혀버린 것이다. 이 역시 한국 유통업자들의 딜레마이기도 하다.

21세기는 국제화시대로, 모든 국제무역과 교역은 WTO 룰rule이 지배하는 경쟁시대이다. 현재 한국 국내의 상품이 외국에 대량으로 수출되는 반면, 외국산 농산품이 국내에 대량 수입되고 있는 실정이다. 따라서 '신토불이' 국산은 '값싼' 외국의 농산물과 가격·품질 등 모든 면에서 전면적으로 경쟁을 벌어야 하는, 국제화시대가 도래했다는 말이 된다.

한편 국산품은 외국에 수출되어 이윤을 챙기는 것은 합법적인 것이지만, 외국산이 국내에 수입되어 국산과 경쟁을 하는 것은 안 된다고 생각하는 일부 한국인들의 사유는 글로벌시대에는 결코 용납이 안 된다. 이 또한 시대에 뒤떨어진 진부한 발상이다.

불행한 것은 한국인들이 그처럼 애용하는 신토불이身土不二가 이젠 옛말이 되어가고 있다는 점이다. 즉 '우리의 농산물이 우리의 구미에 맞기에 국산 농산물만 먹겠다'는 시대는 지나갔다는 이야기다. 이른바 '신토불이' 이야기는 중산층이나 부유층에게는 통할 수 있겠지만, 생활난에 시달리고 있는 서민들에게는 결코 '통할 수 없는' 신화에 지나지 않는다.

물론 한국인들이 소위 '신토불이'를 고집하면서 우리농업을 살리려는 애국사상은 비난할 수 없지만, 메이드인코리아가 '세계최고'라는 집착에서 벗어나야 한다. 이는 국제화시대에 뒤떨어진 낙오된 사상이다. 최근에는 한미 FTA의 체결 등에 보수적 저해세력으로 작용하고 있고 세계화시대의 대세인 개방화에 걸림돌의 역할을 하고 있다.

물론 토종 국산이 품질이 좋고 한국인의 입에 맞을 수 있다. 그러나 모든 한국인, 특히 서민층은 비싼 국산을 사먹을 처지가 못 된다. 국산 김치는 재료와 인건비가 비싼 국내에서 김치종주국의 기술로 만들기에 품질은 보장된다지만, 대신 원가가 비싸기에 음식점과 서민들이 사용하기에는 너무 부담스럽다. 또한 값싼 노동력과 비슷한 기술로 만든 중국산 김치와 엄청난 가격차이로 인해, 국내시장에서는 경쟁적수가 못된다.

요컨대 국제화시대에 걸맞는 경쟁의식과 열린 마음가짐이 우리에게 필요하다. 글로벌시대에 역행하여 '비싼' 신토불이만 고집한다면, 궁극적으로 '값싼' 중국산에 밀려 국내·국제시장을 모두 내줄 수도 있다는 것을 명심해야 한다. 중국산 등 수입산이 서민의 식생활에 빠질 수 없는 현실을 정시해야 하며, '신토불이' 국산과의 경쟁은 불가피하다. 이 또한 수입산과 국산이 '상생'해야 할 이유이다.

우리에게는 우리의 품질과 브랜드가 있다. 그것을 살려서 국제적인 경쟁에서 이기는 것만이 우리가 살아남을 수 있는 길이다. '중국산' 식품과 '광우병' 쇠고기의 피해와 위험성을 부풀리는 것보다는 신토불이 한우 등의 품질과 가격으로 소비자들의 환심을 사고, 나아가 국제적 경쟁에서 이기려는 노력의 선행이 더욱 중요한 시점이다.

200만과 7000만, 그리고 13억

200만 조선족은 7000만이 살고 있는 한반도의 한민족과 피를 나눈 동포이자 한겨레이다. 아울러 중국국적을 가지고 있는 중국국민으로 13억 중국·56개 민족으로 구성된 대가정의 일원이며, 21세기 66억 지구촌이 갈수록 융합되는 글로벌시대의 한 부락 촌민이다.

21세기는 한·중 두 나라가 전략적 동반자로 부상한 탈냉전시기로, 특유의 유대적 조건을 가진 200만 한겨레 조선족의 중개 작용과 가교 역할을 결코 간과할 수 없을 것이다.

중국조선족은 자치주 민족정부 외에 자기의 민족대학·민족가무단·축구팀을 가지고 있다. 그들은 한민족의 전통문화와 얼을 지키고 있으며, 민족의 정체성과 민족문화를 수호하고 발전시키고 있다. 연변조선족자치주를 위수로 동북삼성과 북경 등 대도시 및 연해지역에 분포되어 있는 200만 조선족은 700만 해외 동포의 주축을 이루고 있다. 최근 한·중 관계가 21세기 전략적 동반자로 격상된 시점에서, 중국전역에서 막강한 인맥과 강한 생활력을 갖고 있는 조선족의 작용과 역할은 갈수록 중요해지고 있다.

중국동북변방에 위치한 연변조선족자치주는 중국조선족의 집거지로 조선족 민족문화의 메카이며, 실제 200만 중국동포·조선족의 '구심점'의 역할을 하고 있다. 자고로 '가무의 고향', '축구고향'으로 알려진 조선족은 지식수준이 높고 예의범절이 밝으며, 깨끗한 민족으로 타민족의 존경과 부러움을 받았다. 현재 연변에는 관광자원백두, 지식자원연변대학 지리위치황금삼각주 등 우세를 갖고 있지만, 여러 가지 원인으로 경제발전의 발판으로 이어지지 못하면서 연변경제는 여전히 부진하다. 따라서 기업들이 처한 환경은 매우 열악하다.

냉전시기 40~50년간 200만 조선족과 4천800만 한국인은 서로 다른 이념과 사회제도 하에서 색다른 삶을 살아왔지만, 한·중 수교를 계기로 조·한朝·韓 한민족은 감격적인 상봉을 했고 잇달은 조선족들의 고국방문은 평온하던 조선족사회에 엄청난 변화를 일으켰다. 조선족사회의 출국 붐의 부작용으로 농촌 황폐화와 이혼율상승에 따른 가정파탄과 교육문제 등 사회적 문제들이 발생되었지만, 해외노무를 통해 경제적 부를 이룬 많은 조선족들의 생활수준이 질적으로 높아졌고 시장경제에 대한 인식전변 등 긍정적인 면이 있었다.

현재 한반도에 살고 있는 7000만 한민족은 지구상 유일한 분단국가로 이 땅에 존재한다. 안타까운 것은 21세기 탈냉전시대임에도 불구하고 아직도 많은 한국국민들이 냉전시대의 사유와 이데올로기로

 그래도 희망은 대한민국

통일파트너인 북한을 적대시하고 있고, 귀화한 북한 동포에 대해 경시하고 있다는 점이다. 비록 현재 남북으로 갈라져 있고 다른 체제와 부동한 이념을 소유하고 있지만, 통일과업은 역사가 우리민족에게 부여한 21세기 위대한 사명으로 민족분열과 분단의 비극은 곧 종식되어야 한다.

장기적 안목에서 볼 때 남북통일, 겨레의 결합은 한반도가 강대국으로 발돋움할 수 있는 바탕이며 전제이다. 5000년의 유구한 역사를 가진 한민족에게 50여 년간의 분단 역사는 '일순간'에 지나지 않으며, 민족화합과 통일은 필연적인 대세이다. 그러나 통일은 시간과 과정이 필요하며 통일이 완료됐음을 선언하기까지는 수많은 곡절과 끊임없는 노력이 필요하다. 7000만이 하나로 되는 남북통일과정에서 남과 북과 모두 친밀한 관계를 유지하고 있는 200만 조선족의 유대적인 작용과 특수한 역할을 간과해서는 안 된다.

21세기 한·중 관계는 상호 신임하고 경쟁하는 동반자·라이벌관계이다. 13억 인구대국 중국은 한국의 중요한 수출시장으로 급부상하였다. 최근에는 정치·경제·통일·기업전략 등 모든 측면에서 중국을 고려하지 않고서는 한국의 미래전략을 수립할 수 없는 상황이다.

난해한 것은 아직도 한국의 보수 세력과 언론들이 냉전시대 이데올로기적 발상에서 벗어나지 못하고, 중국산 등의 '피해'를 침소봉대하면서 한·중 관계의 미래를 어둡게 보고 있다는 점이다. 7000만 민족화합은 13억의 이해와 지지를 전제로 한다는 것도 엄연한 작금의 현실이다. 21세기 한·중 관계의 중요성은 최근 전면적 동반자에서 전략적 동반자로 격상된 사례에서도 충분히 입증되었다.

2008년 베이징올림픽을 계기로 100만 교민 및 한국기업들이 대량적으로 중국진출을 하고 있는 시점에서, 중국전역에서 생활하고 있는 200만 조선족들의 존재는 더없이 귀중한 재산이 아닐 수 없다.

해외유학을 한 엘리트와 중국 국내의 유명대학을 졸업한 고급인력들이 대도시와 연해지역에 분포되어 있는데, 이들은 중국에 진출한 한국기업의 발전에 무궁한 인적자원을 제공할 것이다. 그리고 13억의 시장 및 현지사정에 밝은 조선족기업들을 합작파트너로 삼고, 그들이 가지고 있는 자본과 인맥 및 정보와 시장을 공유한다면 한국기업의 중국시장에서의 성공은 더욱 보장받게 될 것이다.

현재 조선족사회의 인구감소와 민족교육의 퇴보 및 지역경제의 슬럼프 등 위기상황에서, 조·한 한민족의 상생관계는 조선족사회의 위기를 극복하고 '제2의 도약'을 실현할 수 있는 계기와 발판이 될 수 있다. 중국과 한국은 지정학적이나 역사적으로 볼 때 불가분리의 관계에 놓여있고, 중·한 양측 사이에 미묘한 유대관계를 가지고 있는 중국동포·조선족은 한국과 중국의 동반자관계에서 큰 변수로 작용할 수 있다. 즉 200만이 7000만과 13억 사이에서 중요한 가교역할을 할 수 있다는 뜻이다.

 그래도 희망은 대한민국

최근 조선족사회에 만연된 반한反韓 감정은 한·중 관계의 '악재'로, 고국에서 생활하고 있는 몇 십만 중국동포들의 불이익의 빌미로 될 수도 있다는 것을 명심해야 한다.

21세기는 민족화합과 더불어 66억 지구촌이 하나로 융합하는 시대이며, 국적과 이념을 초과하는 세계화시대이기도 하다. 민족의 통일은 21세기 한반도가 해결해야 할 중차대한 역사적 사명이다.

요컨대 200만 조선족은 민족의 정체성과 주체성을 확인하면서 시대의 미아로 되지 말고 13억 속에 확고히 뿌리를 내리려면, 7000만 한민족과의 혈연 및 유대관계를 확보하는 동시에 7000만과 13억의 동반자 관계에 긍정적이고 적극적인 순기능의 유대작용을 해야 할 것이다. 그것이 이 시대가 200만 한민족·조선족에게 부여한 역사적 사명이다.

한국의 한 '중국가게'에서 받은 냉대

최근 대량의 중국동포들이 고국인 한국에 진출함에 따라 서울을 비롯한 수도권 도시들에는 많은 중국식품가게들이 늘어나고 있다.

이는 현재 필자를 포함해 한국에서 생활하고 있는 중국동포들에게 많은 편리를 도모해주고 있다. 중국에 가야만 먹을 수 있는 양고기 샤브샤브火鍋도 중국식품가게의 신선한 양고기를 사서 집에서 해먹을 수 있어, 요즘 글로벌시대의 도래를 더욱 절감하고 있다.

다년간 한국에서 유학생활을 하였고, 현재 서울에 체류하고 있는 우리부부에게도 서울 동대문에 위치해 있는 중국식품가게에 단골로 다니면서 신세를 지고 있다.

한국에 시집온 가게 여주인은 한 고향 사람이고 상냥하며 서비스도 잘해준다. 단골이어서 그런지 여주인은 좀만 사도 덤으로 가끔 고향특산을 얹어주기에 아내와 나는 자주 들러 선물용으로 중국산 명주名酒를 사기도 하고, 수입한 양고기와 입맛에 맞는 고향특산품들을 사서 먹는다. 그리고 중국의 명주 죽엽청주竹葉淸酒는 중국에서는 크게 유명하지는 않지만, 많은 한국의 어르신들이나 애주가들이 선호하는 '부담 없는' 선물이다.

최근에는 한국인들에게 있어 중국산 보이차普洱茶가 유명하고 인지도가 높다. 간혹 처음 만나는 한국인 친구들로부터 보이차를 부탁받기도 해서 당혹스러울 때도 있다. 미중부족美中不足으로 필자가 자주 다니는 단골가게에는 보이차가 없었고, 그 부근에 작년에 새로 오픈한 중국식품가게에서는 팔고 있었다. 요즘 들어 보이차를 많이 선물하다보니, 그래서 그 중국가게에 자주 들리게 되었고 어느덧 '단골'로 되어버렸다.

자주 들리다보니 50대 중국동포여성인 가게주인과도 익숙해졌고, 최근에는 많이 살 경우 덤으로 고향특산품도 얹어준다. 사실 덤이란 많이 사라고 던져주는 '미끼'에 불과하지만, 공짜를 좋아하는 인간의 심리를 자극하기에 충분한 매력이 있는 것 같다. 어쩌면 그 염가의 '보너스'를 받는 멋에 사람들은 단골집으로 자주 다니는가보다.

보이차가 한국인들에게 인지도가 높아짐에 따라, 필자는 보이차를 파는 단골가게에 발걸음이 잦아지게 되었다. 그런데 갈 때마다 느끼는 점이 있다면, '보이차 단골가게'는 '고향 단골가게'에 비해 위치는 좋지만 오히려 손님이 적고 퍽 한산하다는 점이다.

얼마 전부터 그 가게에 새로 온 여직원이 영업을 도와주고 있었는데, 가게주인의 말에 의하면 중국내지에서 온 딸이라고 했다. 그런데 문제는 이 여직원이 한국 말씨가 몹시 서툴고 고객서비스 또한 형편없다는 점이다.

필자는 최근 그녀가 손님을 대하는 태도를 보면서, 왜 그 가게에 손님이 적고 '불경기'인 것을 다소 알 수 있을 것 같았다. 주지하다시피 현대인들은 고객유치를 위한 최선의 서비스에 습관이 되어 있다. 반면 서비스가 안 좋은 가게는 고객의 외면을 받기가 일쑤다.

며칠 전 필자는 보이차를 사러 그 단골가게에 들렀는데, 가게주인은 없고 그 여직원이 혼자 있었다. 손님이 들어와도 '어서오세요'라는 인사말도 할 모르는 그녀의 '무람없는' 태도에 어느 정도 습관이 되어, 크게 개의치 않고 새로 나온 보이차를 주문했다.

그런데 가격표에는 분명히 7000원으로 씌어졌지만, 그녀는 만원을 내라고 했다. 그래서 상품 밑에 써놓은 가격표를 가리키면서 필자가 7000원인데 왜서 만원인가고 묻자, 그녀는 불편한 기색으로 "만원이니깐 만원을 받죠. 안 사겠으면 다른 가게에 가보쇼"라고 매몰차게 말하면서 의자에 털썩 주저앉더니, 아예 고객인 필자를 외면해버린다.

오랜만에 고국에서 보는 '추한 그림'이다. 더 말해봤자 소귀에 경 읽기고 어차피 사야 하는 입장인지라, 울며 겨자 먹기로 결국 만원을 내고 사고 말았다. 이는 내가 한국에서 거의 십년 만에 처음으로 소위 '단골가게'에서 받은 이색적인 냉대다.

'단골가게'라고 믿고 찾아갔지만 결국 돈을 내고 '화'를 사는 격이 되고 말았으니, 나의 심정은 착잡하고 씁쓸하기만 했다. 그리고는 안면 있는 가게주인을 만나면, 단단히 일러줘야 하겠다고 생각했다. 따님 교육을 잘 시켜서 가게를 맡기든지 해야 할 것이 아니냐고 말이다. 물론 그녀가 한국에 온지 얼마 안 되고 '중국식' 서비스에서 탈피하지 못했다고 생각하니, 다소 이해는 갔지만 그래도 기분은 썩 좋지 않았다.

속담에 '그 산에 가면 그 산에 맞는 노래를 부르라'고 했다. 아직까지 중국에서는 흔히 보는 서비스지만 오래간만에 한국에서 당하니, 퍽 황당했고 좀처럼 습관이 되지 않았다. 돌아오는 길에 심기일전으로 향후 '단골가게'를 바꿔야 하겠다고 다짐했다. 돈을 내고 불편한 심기를 사게 하는 가게는 결코 고객이 신임하는 단골가게가 될 수 없기 때문이다.

우리말 속담에 '집에서 새는 바가지 밖에서도 샌다'고 했다. 한편 필자는 왜서 중국동포들이 고국에서 인정받지 못하고, 푸대접을 받는지에 대해서도 요즘 더 고민을 해보게 된다. 후진국의 생활습관과 서비스를 개정하지 않는다면, 영원히 타인의 존중을 받지 못한다는 것은 불문가지不問可知다. 이는 모든 중국동포들이 심사숙고해아 할 문제이기도 하다.

가게를 찾은 고객을 황제로 대접 못할지언정 저질서비스로 '내쫓는'다면, 가게는 불경기일 수밖에 없고 고객의 외면을 받는 것은 당연지사다. 따라서 부모님들은 서비스 교육과 인사예절 및 대인관계에서의 지켜야 할 매너를 자식들에게 철저히 시켜야 마땅하다고 생각한다. 하물며 고객경쟁에 치열한 자본주의국가 한국에서는 더욱 그러하다고 본다.

'단골가게'라고 믿고 찾아간 고객을 냉대한다면, 역설적으로 누구나 고객이 될 수 있는 한국인들로부터 냉대를 받는 '썰렁한 가게'로 된다는 생각에 퍽 안쓰럽고 불안했다. 고객을 냉대하는 관습과 불친절한 서비스는 후진국의 진부한 폐습으로, 반드시 근절되어야 한다. 중국 동포들은 고국에서 돈을 벌어 부를 이루는 것도 중요하지만, 모름지기 한국인의 밝은 매너와 '고객을 황제로 모시는' 봉사정신을 따라 배워야 한다.

친절하고 질 좋은 서비스는 창업의 근본이며, 고객유치의 불가결의 요소다. 불친절한 가게는 영원히 인기가 없고 단골가게로 될 수 없다. 항상 친절하고 따뜻한 서비스로 손님을 맞아줄 때만이 고객이 신임하는 단골가게로 될 수 있으며, 이윤창출과 더불어 고객이 차고 넘치는 '인기가게'로 될 것은 자명하다.

중국축구에 흘러든 한류

중국을 비롯한 범아시아에서 불고 있는 한류 주역은 당연히 TV 드라마다. 중국대륙에서 김희선·이영애·장나라 등 한류 주역들의 인기는 하늘을 치솟는다. 그 외, 한국 인기가수들의 연출과 중국전역에서 중국인들의 발길을 끌고 있는 한식 음식점들이 한류의 열조에 일조하고 있다.

하지만 지난 20세기 90년대 말부터 한국의 대기업들이 중국축구 프로팀의 스폰서로 등장했고, 한국축구계 명감독들이 대거 중국의 프로리그에 진출하면서 축구가 한류 붐을 일으키는데 중요한 역할을 담당했다는 사실이 간과되어 있는 듯하다.

일찍 중국축구계와 축구팬들에게 심각한 공한증恐韓症을 심어준 적이 있는 한국축구가 중국대륙에 진출해 센세이션을 일으켰던 1990년대 말, 한국축구의 특유한 스타일과 저력은 중국축구계 및 축구팬들에게 신선한 충격을 주었고 언론의 화제로 주목받았다.

그 '축구 한류'의 원조이며 선각자인 분이 바로 원 연변오동팀 감독으로 명성을 날렸고 중국축구팬들의 존경 및 연변인민의 애대를 한 몸에 받았던 전 한국한양대학교 체육학원학장이며, 일찍 1980년대 초 한국대표팀의 감독을 역임한 바 있는 축구 원로 최은택 교수님이시다.

'축구 한류의 전도사' 및 연변축구의 '신화 창조자'로 중국축구계로부터 '최 교수님'이라고 불리었고, 널리 존경을 받았던 최은택 감독의 타계소식이 최근 중국 최대의 포털사이트 시나닷컴에 전해지면서, 수많은 중국축구팬들이 추모의 댓글 릴레이로 고인에 대한 애도의 뜻을 전했다. 관련기사에는 몇 천개의 댓글이 올랐고 중국네티즌들의 추모행렬이 이어지면서, 고인에 대한 존경심과 더불어 '축구 한류'의 저력을 실감케 했다.

고인의 별세소식을 접한 연변축구팬들 사이에는 애도의 물결이 봇물을 이뤘다. 당시 해남도 전지훈련 중인 연변팀의 대원들이 비보를 전해 듣고 눈물을 흘리는 추모의 장면이 TV 뉴스에 비춰지면서, 고인이 발자취를 남겼던 전 연변을 슬픔 속에 잠기게 했다.

1997년 당시 한국한양대학교 체육학원 유학 중에 최은택 교수의 제자로 있었고, 그 후 연변팀의 지도최 교수의 통역 겸 조수로 활약했던 추명秋鳴 전 상해신화축구팀 코치의 알선으로 최은택 교수는 연변팀의 첫 외국인 감독으로 부임했다.

당시 각종 원인으로 슬럼프에 빠져있던 연변팀이 최 감독의 인솔

하에 1년 후, 중국프로리그 4강에 진출하는 혁혁한 성과를 거두면서 최은택 감독은 중국축구계에서 성공한 외국인 감독으로 중국 언론의 각광을 받았다. 게다가 실력 및 고매한 인품이 대중 속에 알려지면서, 최 교수는 '축구고향'으로 불리는 연변에서 거의 신격화된 존재로 되었다. 더욱이 최 감독이 중국에서 인정을 받게 된 것은 공격축구를 구사하는 화끈한 경기내용 때문이었다.

선진적인 한국축구의 영향을 받은 연변팀은 그 어떤 강팀을 물론하고 화끈한 공격형의 축구스타일을 유지했고, 한때는 '강팀킬러'로 중국축구계에서 명성을 날렸다. 연변팀의 독특한 전술은 당시 1998년 프랑스월드컵본선 진출에 실패해 저조기에 처해있던 중국대륙에서, 한국축구의 저력과 한국감독의 능력은 진일보 중국축구계의 인정을 받게 되었다.

그 후 한국의 명감독들인 김정남·박종환·차범근 감독이 중국프로팀 감독으로 초빙되었고, 그동안 중국전역에 '축구 한류'를 전파해 나갔다. 특히 중경과 청도에서 축구협회컵을 석권하면서 '중국의 별'로 부상한, 이장수 현 베이징팀 감독의 높은 명성도 최은택 감독이라는 수훈갑 및 초석이 있었기에 가능했다.

당시 연변팀의 화끈한 경기내용과 더불어 최은택 교수의 지적인 모습과 고상한 풍격 등은 오늘날까지 중국의 축구팬들 속에 미담으로 회자되고 있다. 또한 학자출신이며 한국 대표팀 감독을 역임한 바 있는 최은택 교수는 '축구선수가 되기 전에 인간이 되라'는 만인이 공감하는 축구이념을 중국에 도입한 축구전문가로 명성 높다.

당시 축구일화로, 중국에서 실패한 감독으로 알려진 슬라프나 전 중국대표팀 감독이 무보수로 연변팀을 지도하는 최 교수에게 그 실부實否를 물었다가 크게 깨우침을 당한 적이 있다. 그래서 연변인민들은 사심 없이 연변축구를 도와준 최은택 감독을 더욱 존경하고 애대하고 있는 것이다.

최은택 감독은 선진적인 축구관념과 의식, 독특한 전술과 새로운 이념을 '부패의 상징'으로 많은 문제점을 안고 있던 중국축구계에 주입시켰다. 특히 정신력이 흐트러져 있는 선수들에게 '그런 식으로 공을 차려면 차라리 시골에 가서 논밭을 갈아 부모에게 효도하라'고 내렸던 불호령은 지금까지도 중국선수들의 투지를 불태우는 명언으로 전해지고 있다.

축구경기가 끝난 후 선수들이 한 줄로 서 감독진에 경례를 드리게 하는 선례를 창조했으며, 그것이 그의 제자이며 그 후 연변팀의 사령탑을 맡은 고훈高琿 감독에 의해 최근까지 지속되었다. 이 역시 한국 축구 문화의 전파이며, '축구 한류'의 일례로 볼 수 있다.

한양대학교 대학원 선배인 추명 지도의 소개로, 필자는 베이징과 서울에서 여러 번 고故 최은택 감독님의 통역을 담당한 바 있다. 베이징에서의 통역 당시 레스토랑에서 식사하는 최 감독을 베이징의 축구팬들이 알아보고 긴 줄을 서서 사인을 기다리자, 최 감독은 하던 식사를 잠정 중지하고 그들에게 다가가서 상냥한 표정으로 일일이 팬들의 요구를 만족시켜주던 인자한 모습이 인상 깊다.

10년 전의 일이지만, 불원천리하고 중국 베이징에서 온 '축구의 밤足球之夜'의 기자들을 서울의 모 호텔에서 따뜻하게 맞아주던 고인의 지적인 모습을 지금도 잊을 수 없다. 필자는 지금도 10년 전 연길 축구장에서 최은택 교수를 모시고 고훈 감독, 추명 코치와 함께 찍었던 기념사진을 소중히 보관하고 있다.

일찍 고인의 정성과 열정을 쏟아 부었던 연변축구가 최근 어려움에 처해있다. 현재 경제난으로 곤궁에 빠진 연변팀을 위해 전 사회가 십시일반으로 힘을 모아 연변의 자랑이며 상징인 연변축구의 동산재기에 일조해야 할 것이다. 이 또한 이미 작고하신 최은택 감독교수의 생전 염원이라고 믿어 의심치 않는다.

부디 고인의 명복을 빌면서, 고인을 추모하고 기리는 마음으로 영전에 삼가 졸문을 올려드린다.

한국에 귀화한 탕나는 '매국역적'인가

최근 중국 탁구 청소년 국가대표 출신으로 2007년 한국에 귀화한 탕나唐娜의 국적전환 문제로, 중국 네티즌들 사이에서 뜨거운 논란이 벌어지고 있다.

당예서唐汭序라는 한국이름으로 한국국적을 얻은 탕나는 국가대표 최종선발전에서 10전10승을 기록했고, 작년 2~3월 중국 광주에서 열리는 세계선수권대회 출전자격을 얻은 명실상부한 한국의 챔피언이다. 8년 전부터 한국에서 '제2 탁구인생'을 살고 있는 그녀가 한·중 언론에 의해 요주인물로 뜨고 있다.

현재 대한항공팀에 적을 두고 있는 탕나가 한국에서 성공하는데 걸린 시간은 8년이다. 2000년 한국에 처음 왔을 때 월급 200만원의 훈련 파트너이었던 그녀가 드디어 2008년 1월 한국 여자탁구의 챔피언으로 시상대에 올랐다.

중국 창춘長春시가 고향인 탕나는 한때 세계 챔피언 왕난王楠 등과 함께 청소년 대표이었지만 성인 대표 선발전에 탈락했고, 8년 전 한국에 들어와 제2의 탁구인생을 시작했다. 복잡한 귀화절차를 거쳐 최근 '한국인'이 된 그녀는 "2008 베이징올림픽에 한국 국가대표로 나가 실력을 발휘하고 싶다"고 심경을 밝힌 바 있다.

탕나가 귀화한 이유로, "현재의 중국의 국가대표 선발시스템으로는 탕나가 올림픽 등 세계대회에 출전하기 어렵기 때문"이라고 한국 언론들은 소개하고 있다. 중국탁구협회는 선발전으로 대표를 뽑지 않고 '가능성이 있는 선수'를 집중 육성하여 국가대표를 뽑고 있는데, 탕나는 아쉽게 발탁될 기회를 잡지 못했다. 탕나는 언론과의 인터뷰에서 "중국 국가대표 선수들의 훈련 파트너로만 되고 싶지 않았다"고 귀화 이유를 간접적으로 설명했다. 이미 한국에는 6~7명의 중국적 탁구선수들이 활약 중이며, 탕나 이외에도 곽방방郭芳芳 등 중국 선수가 한국으로 귀화했다.

2007년 10월 귀화시험에 합격해 한국 국적을 취득한 탕나가 자신의 실력과 노력으로 한국 국가대표를 선발하는 대회에서 1위로 통과하면서 끝내 태극마크를 달게 되었고, 세계대회에 출전하게 되었다. 그러한 탕나가 언론의 도마 위에 올랐고 이른바 '탕나사건'의 주인공으로 부상해 네티즌들의 집중공격을 받았으며, 이지를 상실한 일부 네티즌들로부터 민족과 조국을 배반한 '매국역적'으로 매도되었다.

논란의 발단은 그녀가 한국 조선일보와의 인터뷰에서 "현재 한국이 나의 조국이며, 오직 실력으로 경쟁해서 이겨보겠다"고 한 발언에서 비롯됐다. 탕나의 인터뷰가 조선일보 중국어판으로 번역되었고 인터넷을 통해 중국 전역에 전해지자, 흥분한 중국 네티즌들이 "국적은 바뀌어도 조국은 바꿀 수 없으며 개인의 꿈도 좋지만 조국과 인민의 마음을 상하게 해선 안 된다"고 비난한 것이다. 반면 "그녀의 선택을 존중해야 하며 글로벌 시대에 조국 운운하는 것은 시대착오적이므로 역지사지의 입장에서 생각해야 한다"는 반론도 만만치 않다.

중국 창춘 지역에서 발행되는 신문화보新文化報는 신속하게 관련 소식을 전하면서 탕나의 남편 구소춘顧曉春과의 인터뷰 내용을 보도했다. "조선일보 보도 내용에 잘못된 부분이 있으며, 탕나의 '한국·조국' 발언에 대해서는 지금의 심정에 대해 묻기에 대답했을 뿐 한국을 조국이라고 말한 적이 없다"는 본인탕나과의 전화통화 내용을 전했다.

또 다른 중국신문 체육계주보體檀周報는 "그녀가 한국에 귀화한 것은 올림픽 출전의 꿈을 이루기 위해서며, 탁구를 그만두면 가족이 있는 중국으로 돌아올 것이다"라고 설명하면서 탕나 귀화의 확대해석을 경계했다. 한편 일부 중국 언론은 '긍정기사'를 내보내 주목받고 있다. 현재 베이징체육대학 교수로 재직 중인 류 교수는 언론과의 인터뷰에서 "운동선수로서 올림픽에 참가하는 것은 고귀한 열망이며, 중국 탁구의 세계화를 위해서도 좋은 일"이라고 격려했다.

중국 국가대표 탁구팀 황 코치는 "탕나가 한국에 귀화하고 올림픽에 참가하는 것은 개인적 문제로 우리가 관여할 사안이 아니다"고 담담하게 말했고, 신문화보는 "탕나는 올림픽 출전의 꿈을 이루기 위해 귀화 문제를 심각하게 고민했으며, 그 어떤 비난도 감수해야 한다"고 했다.

'탕나사건'이 일파만파로 번지면서 파문이 커져가자 조선일보는 홈페이지에서 관련 보도내용을 삭제했다. 조선일보는 중국 출신의 탕나 귀화를 부풀리고, 사실을 '왜곡탕나 본인과 가족은 '한국·조국' 보도에 대해 견결히 부정하고 있음'해 경박하게 기사화한 것에 대해서는 모름지기 반성해야 할 것이다.

현재 매년 1만 명의 외국인이 여러 가지 경로를 통해 한국에 귀화하고 있다. 국적은 바뀌었지만 정체성과 조국관은 쉽사리 변하지 않으며, 적어도 시간과 과정이 소요된 것이다. 언론이 귀화한 외국인에게 정치적 색채를 가미하면서, 본인의 의도와 무관하게 일방적으로 '한국·조국관'을 부여한다면 어불성설이다.

전 중국 국가대표 출신 허즈리何智麗는 1989년 일본인과 결혼하고 일본에 귀화했다. 그녀는 1994년 '소산지리小山智麗'란 일본이름으로 히로시마广島대회에 출전해 덩야핑鄧亞萍 등 중국 선수들을 누르고 챔피언을 따내 물의를 일으킨 적이 있다.

현재 중국의 일부 네티즌들이 한국에 귀화한 탕나를 '제2 소산지리小山智麗'로 몰아 부치면서, 심지어 '매국역적'으로 매도하고 있는 것은 어불성설이다. 이는 중국인들이 지금까지 국제적인 탁구경기에서 경쟁국의 하나였던 한국을 의식한 것으로, 탕나가 '小山智麗'의 전철을 밟을까에 대한 우려의 소산이다.

필자는 중국의 힌 네티즌이 올린 탕나 관련 문장을 요약하여 본문의 맺음말로 인용한다. "스포츠선수로서 탕나가 운동원의 사명인, 올림픽 등 국제경기에 출전해 챔피언이 되려는 욕망과 의지는 나무랄 것이 못된다. 탕나가 중국에서 꿈을 이루지 못했다면, 한국에 귀화해 올림픽 등 세계대회에 참가하려는 야망에 대해 우리는 협애한 민족주의 감정에서 벗어나 관용적 시각에서 바라봐야 한다. 탕나는 21세기 세계화시대의 '자유인'으로, 결코 '국가의 노예'가 아니기 때문이다."

중국동포들과 함께 한 안동하회마을 봄나들이

　필자는 작년 4월 15일, 근 하루시간을 이용해 경상북도 안동하회마을을 다녀왔다.

　금번 봄나들이는 서울 조선족교회에서 재한중국동포들을 위해 조직한 것으로 중국동포들의 여가 모습을 옆에서 지켜볼 수 있었다는 점에서 의의가 있었고, 한국 정신문화의 수도이며 유서 깊은 세계역사도시 안동시 및 한국의 유교·민속촌을 대표하는 하회마을을 관광·견학했다는 점에서 일거양득의 의미를 부여할 수 있겠다.

　필자와 서울 "동북아신문" 이동렬 편집국장이 좀 늦게 도착하다보니, 요녕교구遼宁敎區 1호차 뒷자리에 겨우 좌석을 찾았다. 8시 20분 270여 명의 중국동포들을 45~50인 버스 여섯 개에 나눠 실은 대형 관광팀이 안동하회마을을 목적지로, 서울의 대림역 부근에서 출발했다.

　출발 후 얼마 안 돼 매인당 시루떡 한 개와 광천수 한 병씩 조찬으로 배분되었고, 식사가 끝나자 1호차에 동행한 서울 조선족교회 윤완선 목사의 주최 하에 이채로운 차안 예배가 진행되었다. 평소 교회와

종교 신앙과는 담쌓고 사는 필자에게는 열심히 찬송가를 부르면서 성경 삼매경에 빠져 있는 동포들의 모습이 희귀한 진풍경으로 비춰졌다.

성경에는 문외한이지만 尹 목사의 철리적 교양이야기는 공감되는 부분이 많았고, 우렁찬 목소리로 찬송가를 부르는 그의 모습과 유머적이고 소탈한 언행이 인상 깊었다.

마침 그날이 생신인 60여 세의 어른이 있어 모두들 생일축하의 노래를 부르면서 축하해주는 정열적인 모습들에, 필자는 끈끈한 한겨레의 정을 느꼈고 저도 모르게 동포들 세계 속으로 빠져 들어갔다. 이어서 진행되는 자아소개를 들으니, 필자가 탄 1호차에는 중국 동북3성 요녕성의 심양과 무순 등지에서 온 50대 아줌마들이 많았다.

평소 재한중국동포들과 큰 교분이 없는 필자의 인상 속에는, 열악한 생활환경 및 힘든 일상에 부대껴 심신이 찌들려 있는 모습이었다. 하지만 실제 만나보니 그녀들은 매우 활달했고, 진한 화장과 더불어 예의바른 모습이 이미 '반한국화'된 한민족임을 실감할 수 있었다.

우리일행이 탄 버스는 다행히 고속도로가 크게 밀리지 않아 12시가 좀 넘어 목적지인 하회마을에 무사히 도착했다. 도착 후 곧 예약된 안동민속음식점에서 안동명품으로 소문난 간고등어정식을 먹은 뒤, 잠깐 휴식하고 본격적으로 하회마을 관광에 나섰다. 중국동포들과 함께 하는 관광이어서 그런지 필자의 마음도 여간 설레는 것이 아니었다.

낙동강이 태극 모양으로 돌아 흐른다 하여 '하회마을'이라고 불리는 하회마을은 풍산 유씨67%를 위주로, 121세대 200여 명이 살고 있는 작은 마을이다. 현재 하회마을은 270여 동의 기와집162과 초가집211, 각종 문화재 18점을 보유하고 있는 대표적인 한국 유교·민속의 전통 마을이라고 할 수 있다. 안동하회마을은 600년간 풍산 유柳씨가 세거해왔으며, 특히 임진왜란시기 영의정재상에 해당함으로 국난 극복에 큰 공을 세운 서애 유성룡柳成龍 선생의 고향으로 더욱 유명해진 곳이기도 하다.

하회마을은 산과 강으로 둘러싸인 천혜의 지리적 여건이 마련되었고, 외침을 한번도 겪지 않아 상류층의 기와집과 민가의 초가토담집 등 전통고가와 민속이 잘 보전되어 있는 한옥마을이다. 이 지방명품으로는 안동소주가 있고, 국보 121호에 선정된 하회탈 등이 있다.

약 1~2시간에 걸쳐 우리일행은 말 타고 꽃구경하는 식으로, 빠른 시간 내에 하회마을 견학을 마쳤다. 좀 아쉬운 것은 어렵게 마련된 기회임에도 불구하고 동포들은 유서 깊은 안동하회마을의 연혁과 현황에는 별로 관심이 없고, 오로지 사진 찍기에만 열중하는 것이었다.

물론 금번 관광이 일상의 스트레스 해소와 중국동포들의 팀워크에 주안점을 둔 봄나들이고, 나아가 동포들의 입장에서 생각해보니 다소 납득이 되었다. 한편 명승고적을 견학하며 과정은 무시하고 사진촬영에만 몰두하는 한국인들의 해외관광모습이 연상되면서, 워낙 이들은 같은 한민족이고 한겨레로, '피는 못 속인다'는 것이 새삼스럽게 느껴졌다.

대체로 원만한 질서 속에서 무난히 끝낸 금번 봄나들이에서 '에피소드'를 꼽는다. 돌아올 때 운전 기사가 당지의 지리에 밝지 못한 관계로 지름길로 가려다 길이 막혀 한참 헤맸고, 다시 고속도로에 들어섰을 때는 지체된 시간이 한 시간이 훨씬 넘어 동포들의 조바심을 일으켰던 상황이다. 그래서 '급할수록 돌아가라'는 말이 있는가보다. 이 또한 삶의 정도正道에서 편법은 통하지 않으며, 중국동포들의 '코리안 드림'이 손쉽게만 이뤄질 수 없다는 '시사점'으로 생각되었다.

무엇보다 본 '에피소드'가 오직 인생의 바른길로 가야만 후회 없는 삶을 살을 살수 있다는 평범한 진리를 우리일행 모두에게 각인시켜주는 계기로 되었다는 점이다.

돌아오는 길에 관광 여흥이 식지 않은 중국동포들이 차안에서 다시 오락판을 벌였다. 심양동포 출신의 집사의 재치 있는 입담과 영활한 리드 하에, 인생의 희로애락을 경험한 50대 아줌마아저씨들의 스트레스를 훨훨 날려 보내는 노래와 춤이 2시간 이상 지속되었다. 요즘 한국에서는 별로 볼 수 없는, 한때 한국에서도 유명했던 관광버스춤의 재현 또한 가관이었다. 한민족이 있는 곳이면 구성진 노래가 있고 낭만의 춤이 있다. 어쩌면 그것이 삶의 고통과 스트레스를 풀어주는 '명약'이 아닐까?

여행도중의 관광버스춤은 교통사고의 한 원인이 되므로, 현재 한국

 | 그래도 희망은 대한민국

에서는 금지되어 있는 상태다. 하지만 기사아저씨는 모처럼 모인 중국동포들의 심정을 이해해주고 있었는지, 그런대로 묵인하고 있었다. 중국동포들의 후한 인심과 흥겨운 분위기에 빠져버린 필자도 권고에 못 이겨 '북국의 봄'이란 노래 한곡을 불렀다.

장시간의 여행이 주는 피로에도 지칠 줄 모르고 중국동포들은 저마다의 개인기 표현과 흥겨운 관광버스춤에 열중하면서, 잠시나마 삶의 고충과 모든 걱정을 잊어버리고 있는 것 같았다. 인생의 중반을 넘긴 중국동포 아저씨·아줌마들의 생활력과 활기 넘치는 충만한 삶의 모습을 목격하면서, 필자는 저도 모르게 그들에 대한 존경심으로 머리가 숙여졌다.

한편 환한 웃음을 짓고 고국에서 자유의 한때를 즐기고 있는 50대의 동포아줌마들을 보면서, 필자는 '여자는 약하지만 어머니는 강하다'는 말의 의미를 실감했다. 아울러 그녀들이 소망하는 '코리안 드림'이 하루 빨리 고국·한국에서 이뤄지기를 내심 축원했다.

조국과 고국, 그리고 조선족의 정체성

중국국적을 가지고 있는 조선족은 한민족의 일원으로 같은 조상을 가지고 있는 고국인 남북한과 경제 및 문화적인 면을 포함해 여러 가지 방면에서 불가분리적인 유대관계를 가지고 있다. 그리고 역사적인 원인으로 복잡한 정체성을 가지고 있는 중국조선족은 중화민족이란 하나의 조국관을 가지고 있는 중국인이나 국적과 민족을 하나로 생각하는 고국의 한국인들과는 엄연히 다른 조국관과 고국 및 모국관을 가지고 있다.

조국과 고국 및 모국은 비슷한 애정 및 감정유대를 가진 국가적 개념이지만, 분명한 차별과 뉘앙스가 있다는 것을 인지할 필요가 있다.

조국의 개념은 조상 때부터 대대손손 살아오던 곳을 이르는 말로 자기가 태어나서 자란 곳을 이르는 말이다. 따라서 중국에서 생장한 조선족들에게는 중국이 엄연한 조국이 된다. 현재 한국인들은 조선족들의 중국조국관 인식에 대해 난해하고 섭섭해 하는 이들이 적지 않지만, 중국국적을 가지고 중국국민으로서 중국법률을 지키면서 살아가야 하는 조선족들은 중국을 당연히 조국으로 생각하고 있다.

한국북한은 조상의 뼈가 묻혀 있고 민족문화의 뿌리가 있는 곳이지만, 그들에게는 고국으로 간주되지 조국으로는 되지 않는다.

현재 고국에서 생활하면서 국적이 다르다는 이유로 적지 않은 불이익을 당하고 있는 많은 중국동포들은 엄연한 조국관과 고국관을 가지고 있다. 고국인 한국은 조상들이 대대손손 살아왔던 고향의 나라로 문화적인 뿌리와 역사적인 혈연관계가 얽혀져 있는 곳이지만, 엄연한 국적 때문에 민족성과 국적을 동일시하는 '한국국민'으로는 될 수 없는 것이다.

조선족은 중국국적을 소유한 중화인민공화국 56개 민족의 일원에 속하는 소수민족이다. 한민족의 문화와 생활습관을 보유하고 있는 한민족의 일원인 조선족 동포들은 최근 고국에 대한 대량 방문 및 불·합법체류를 통해 한국에서 경제적 부를 이루고 있다.

고국은 한민족의 문화적인 동질감과 정체성을 확인시켜주는 곳이며, 언어가 통하고 문화의 근저인 고국은 많은 중국동포들이 '코리안 드림'을 실현하는 노다지의 땅이지만 고마움과 섭섭함이 교차되어 있는 곳이기도 하다. 한마디로 고국인 한국은 생소한 이방異邦이 아니라 한겨레이자 같은 핏줄의 동포가 살고 있는 매정하지만 허물없는 '친정'이다.

또 다른 고국인 조선북한은 같은 사회주의국가이고 냉전시기에도 상호방문과 교류가 지속되었지만 개혁개방으로 시장경제를 일찍 접촉한 조선족들과 북한인들 사이에는 여전히 동포지정과 문화적 유대감은 상존하는 반면, 삶의 가치관과 생활신조 및 이념적 차이가 현저히 존재한다.

최근 생활고로 많은 탈북자들이 중국에서 생활하고 있는 연고로 북한 동포에 대한 조선족들의 시각은 매우 복잡하며, 이해와 편견을 동반한 동정과 관심 및 기시가 공존해 오늘날 한국인들이 중국동포를 바라보는 시각과 비슷하다고 볼 수 있다.

조국이란 개념은 국가와 국민의 개념으로 국적과 태어난 곳을 강조하는 의미가 짙게 깔려있고 정치이념에 대한 충성까지 포함되어 있으며, 단순한 개념에서 조국은 공민으로서의 의무와 국가에 납세하고 정부로부터 보호를 받는 국가적인 개념이다.

고국은 민족과 혈연의 의미를 많이 부여한 개념이고 선조의 고향으로 문화적인 유대를 강조하여 이르는 말이다. 조선족들에게는 민족과 국가의 개념은 별개의 존재로 이는 역사가 남겨놓은 복잡한 정체성에서 기인되며, 따라서 엄연한 조국관과 모국관을 갖는 것은 별로 이상한 일이 아니다.

모국은 외국에서 자기나라를 지칭하는 조국을 뜻하며 조국과 같은 의미로 통하지만, 고국과는 좀 차별된다. 현재 일부학자들이 한국을 고국이자 모국이라고 주장하고 있는데 대해 필자는 좀 견해를 달리한다.

 그래도 희망은 대한민국

물론 최근 일부 동포학자들이 고국인 한국북한을 '생모生母'로 중국을 '양모養母'로 주장하고 있어 조선족들이 한국을 고국이자 '모국'으로 인정할 수도 있겠지만, 현재 중국과 해외에서 생활하고 있는 2~3세의 대부분 중국동포들은 자기가 생장한 중국을 조국으로 간주하는 경향이 매우 크다. 이처럼 모국은 엄연한 조국관과 고국관을 가지고 있는 중국동포·조선족들에게는 변수가 많은 국가적 개념이다.

중국국적을 소유하고 있는 조선족은 엄연한 중국인이자 한국족의 일원으로 해외동포이다. 그들이 가지고 있는 특이한 조국관과 고국관 및 변수로 존재하는 모국관은 중국조선족만이 가지고 있는 민족특색으로 특유의 민족성과 국가관으로부터 형성된다.

특히 민족과 국가개념을 동일시하는 한국인들은 한민족이라 해서 모두 한국인이 될 수 없으며, 조선족이란 개념은 완전히 독립적인 민족개념이 아닌 중국국적을 가진 한민족에 대한 별칭으로 중국동포라는 점을 인정할 필요가 있다. 분명한 점은 중국동포·조선족은 중국국적을 가진 한민족의 일원이라는 것을 인지할 필요가 있는 것이다.

현재 중국공민으로 국가에 대한 의무를 이행해야 하고 조국인 중국에 충성해야 하며, 동시에 조상의 뼈와 민족의 얼이 묻혀있는 고국산천을 동경하고 고국을 사랑해야 하는 것이 중국조선족들의 고민이자 딜레마이기도 하다.

한편 고국인 한국에서 한민족이면서도 이방인의 대우를 받고 있는 중국동포들의 현황에 대해 한국정부의 대책과 한국인들의 관심이 필요한 시점이다. 고국의 한국인들은 조선족들의 민족관과 국가관에 대해 역지사지의 차원에서 너그러운 이해와 관용적인 사고가 소요된다. 국적과 민족을 모두 중요시해야만 하는 중국동포들의 특수한 이중 정체성과 현실사정을 인정하고, 긍정적이고 관용적인 시각에서 바라봄이 마땅하다.

요컨대 민족은 고유한 전통이고 문화이며 생활인 반면, 국적 및 국가관은 현상이며 정치적 의무이자 이념적 요소를 내포하고 있다.

현재 2~3중 중국국적을 가진 소수민족이자 해외동포인 한민족의 복잡한 정체성을 갖고 있는 조선족들은 자기의 정체성과 민족성을 지키는 한편, 조국 중국과 고국 남한·북한 관계를 원활하게 다룰 필요가 있다. 조선족들의 현명한 인식과 슬기로운 선택이 필요한 시점이다.

재중동포사회 아이덴티티의 다변화
인구이동과 가치관의 변화를 중심으로

중국동포·조선족의 정체성에 대한 해석은 여러 가지 있지만, "중국국적을 가진 '중국인'이자 한민족이라는 이중의 정체성"이 중국조선족의 '공통분모'인 것만은 확실하다. 조선족을 '중국에 시집온 며느리'로 비유한 조선족의 석학이신 정판룡 선생은 조선족은 이중문화와 이중성격을 가진 한민족이면서도 중국의 소수민족일원이라고 말했다. 조선족은 "중국을 자기 삶의 고장으로 여기고 조선족과 중국의 운명을 함께 생각하며, 이중정체성을 가진 '중국조선족'이 되었음"을 명백히 저적했다.

한편 조선족학자인 김강일은 '시집'과 '친정' 구별은 책임회피의 자세로 중국국민의 자세를 확실히 해야 한다고 주장한다. 그는 "변연문화론邊緣文化論"을 사용해 "조선족의 정체성은 중국과 조선북한의 문화와 정체성이 융합되어 만들어진 특수한 정체성"이라고 설명했고, 조선족 공동체는 "중국 내의 평등하면서도 구별되는 특수한 문화공동체이며 한반도와 혈연적인 유대가 있는 문화공동체"라고 지적했다. 또한 일부 조선족학자들은 '키워준 정이 낳아준 정보다 크다'고 주장하면서, 민족정체성보다 국민정체성에 비중을 두고 있다.

한국학자 윤인진은 이러한 조선족지성인들의 논의를 종합하여 '친가와 시가', '낳은 정과 기른 정', '며느리론' 등은 민족정체성과 국민정체성이 서로 공존하는 관계로 보는 이중정체성으로 정리했다. 그리고 김강일의 "변연문화론", 이른바 '중국과 조선의 정체성이 융합된 정체성'에 대해서는 "제3의 정체성"으로 분류하였다. 그 외, 중국조선족의 정체성과 조국·모국관의 개념을 정리한 "조국과 고국 및 조선족의 정체성"이란 필자의 졸문이 있다.

개혁개방 후 30년간 중국사회는 고도성장의 경제발전과 함께 엄청난 변화를 가져왔다. 그중 민족의 존폐와 관련되는 중차대한 사회문제로서 가치관의 변화와 인구이동에 따른 민족공동체의 해체와 조선족사회 아이덴티티정체성의 다변화를 꼽을 수 있다.

중국이 1978년 이후 시장경제시스템을 도입하는 체제개혁과 사회개방을 실시하고, 1992년에 한중韓中 수교가 이뤄지면서 조선족사회는 대변혁을 가져왔다. 최근 농촌의 민족공동체가 붕괴되고 민족어 기반의 민족교육이 위축되면서, 조선족사회의 존폐 및 정체성의 위기가 사회문제로 부상한 것은 조선족사회의 대량적 인구이동이 초래한 것이라고 해도 과언이 아니다. 조선족의 인구이동은 개혁개방의 산물로서 도시화·산업화의 결과이며, 한·중 수교 이후 조선족사회와 고국한국과의 새로운 유대가 이어지면서 더욱 활성화되었다.

본 연구에서는 개혁개방 이후 조선족인구의 국내외의 대량 이동과 가치관의 변화를 중심으로 조선족사회의 정체성의 변화를 설명하려고 한다. 그 이유는 인구이동이 조선족사회의 민족교육의 위기를 비롯한 민족정체성의 위기에 가장 큰 영향을 미친 주요인이며, 개혁개방 이후 시장경제의 충격을 받으면서 조선족들의 인생관·가치관의 변화 또한 민족정체성을 약화시키고 국민정체성을 강화시키는 또 다른 중요한 원인으로 지목되고 있기 때문이다.

최근 10년간 조선족의 집거지 연변자치주와 동북상성三省 산재지구 조선족의 국내이동이 지속되면서, 대도시와 연해도시에 이동한 인구는 55~60만에 달한다. 한중 수교 후 대량의 조선족 인구가 국외로 유동했고 2007년부터 재외동포정책의 일환인 방문취업제가 본격적으로 실시되면서, 2008년 10월까지 한국에 진출한 중국동포는 40만에 달한다. 그 외, 일본과 미국 등에 진출한 출국인원 20만을 합치면 국외에 진출한 조선족은 60만에 달한다.

이러한 인구변동과 대량적 인구유실은 새로운 거주지 도시공동체의 특징을 나타내고, 조선족의 민족정체성이 약화되면서 전통적 민족문화가 상실되는 양상을 보이고 있다. 또한 민족집거지의 해체에 따른 민족교육의 위축 및 주류민족에 동화되는 등 민족정체성의 위기를 맞고 있다. 주목되는 것은 국내이동에 따른 새로운 거주지의 조선족들의 민족정체성은 갈수록 약화되고, 중국국민으로서의 국민정체성이 강화되는 양상을 보이고 있다는 점이다.

한편 중국동포들의 취업 위주의 한국 진출에 따른 고국관의 변화 및 자아정체성의 확인은 기존의 조선족 이중정체성의 상호관계를 다 변화시키면서, 조선족사회의 발전에 거대한 영향을 미치고 있다. 최근 한국에로의 인구유동이 급증되면서 중국동포의 이중정체성은 한국인의 단일정체성과 충돌, 한국 단일민족의 국가관과 생활관습 및 문화차이에 따른 갈등이 심화되면서 중국동포의 정체성은 복합적이고 다변화되는 특징을 보이고 있다.

개혁개방은 조선족사회를 크게 발전시켰지만 조선족사회로 하여금, 새로운 현실문제에 직면하게 하였다. 급속한 인구이동에 따라 조선족 집거지 농촌인구의 격감과 수많은 부녀자들의 유출로 인한 인구감소와 성비 불균형, 전통집거지의 축소와 민족교육의 약화, 농촌총각들의 결혼문제와 장기출국에 따른 가정해체의 위기, 국제결혼의 증가로 인구의 자연감소 등 많은 문제들이 발생하였다. 그 중 인구이동으로 조선족인구의 급속한 감소와 집거지구의 해체, 민족교육의 위축 등은 조선족의 존폐와 관련된 심각한 문제로 주목된다.

분명한 것은 재중동포의 정체성이 변화하고 있다는 현실이며, 인구이동과 가치관의 변화로 인해 중국동포 민족정체성은 약화되는 반면, 국민정체성을 강화되고 있다는 점이다.

　　최근 한중 관계가 21세기 전략적동반자로 격상되었고, 경제교류를
포함해 불가분리의 관계를 갖고 있는 한국에게 있어, 200만 중국동포
의 정체성이 다변화되고 민족교육의 위축 및 민족동화의 가속화는 결
코 '좋은 일'이 아닐 것이며, 재중동포는 한중 경제발전관계에서 중개
및 유대작용을 하고 있다는 것을 간과해서는 안 될 것이다. 이 또한
고국인 한국이 재외동포인 중국동포사회의 정체성의 변화와 민족동화
를 중시해야 되는 '이유'이다.

한국 영화 "조폭마누라" 중 '조선족 여성'의 형상

　최근 한국의 영화나 드라마 속에 중국동포·조선족 여성이 조연 혹은 주역으로 자주 등장해 시청자들의 주목을 받고 있다. 특히 한국과 중국 간의 스토리를 다룬 영화드라마에서 중·한 이중정체성을 갖고 있는 조선족 여성이 출현하는 것은 별로 이상한 것이 아니며 당연한 것이기도 하다. 주목되는 것은 영화·드라마 속에 부각되는 '조선족 여성'의 이미지를 통해 한국인들이 여성 중국동포에 대한 '심상心象'을 엿볼 수 있다는 점이다.

　홍콩 최고의 조폭조직 보스의 외동딸 아령서기이는 조직간 세력다툼으로 잠시 한국으로 피신 왔고, 부친 친구인 한국 조폭조직 두목의 도움으로 서열 3위 기철의 거처에서 생활하게 된다. 아령의 보호임무를 맡게 된 조폭 기철이와의 갈등과 화해·결합의 과정이 드라마틱하게 전개된다. 아령의 화려한 배경을 모른 채 '시시한 임무'가 불만인 기철 사이에 벌어지는 코믹이야기와 사랑스토리가 영화의 줄거리다.

　주인공 아령이의 통역으로 '조선족 여성' 연희현영가 조연으로 등장한 것이 영화 "조폭마누라 3"의 또 다른 관심거리이다.

흥미로운 것은 주인공 '홍콩여인' 아령이의 통역으로 등장한 중국동포 연희는 중국 '길림성'에서 왔다고 소개되며, 연희燕姬의 중국어 이름이 연변의 수부 옌지延吉와 발음이 같다는 점이다. 이는 그녀가 어김없는 '연변처녀'라는 것을 간접적으로 시사해준다.

연희의 역은 요즘 한국에서 잘 나가는 섹시스타 현영이가 맡았고, 얼마 전의 KBS 1 드라마 "열아홉 순정"에서 등장한 '연변처녀' 양국화 역시 미모의 배우였다는 점을 감안하면, 평소 한국인들에게 각인된 '조선족 여성'은 남남북녀南男北女의 '북한여성'으로 착각되었다는 것을 알 수 있다. 본 영화를 통해 한국인들이 '상상'하는 중국동포·정체성을 엿볼 수 있다.

영화에서 '조선족 여성' 연희는 '카멜레온'식 인물로 묘사된다. 주인공 아령이의 홍콩무술이 진가를 발휘하면서 그 지위가 변화됨에 따라 통역 연희의 '지위'도 동반상승한다.

당초 처음 조폭세계를 접촉한 '연변처녀' 연희는 무서워 벌벌 떨지만, 무술고수 확인 후 아령에 대한 조폭들의 '공손한 태도'에 따라 통역 연희의 조폭들에 대한 태도도 일변한다. 그녀는 조폭들에게 '주인'인 아령과 '친구'라고 하면서, 반말하고 무시하며 '주인'의 행세를 한다. 이는 '호랑이의 권세를 빌어 위세를 부리는 여우狐假虎威'를 연상시키며, 평소 한국인들에게 각인된 중국동포의 '중국인'·국민정체성을 통역 연희를 통해 확인시키는 대목이다.

한편 조폭들은 아령이의 말뜻을 자의적으로 해석·이역異域하면서 호령하는 통역관 연희를 반신반의하면서 믿지 않지만, 결국 아령이의 위세에 눌려 점차 연희의 '중요성'을 의식하고 그녀를 무서워하면서 '공경'하기 시작한다.

자기의 말을 임의로 '통역'하는 것을 눈치를 챈 아령이도 당혹해하지만, '동병상련'의 입장으로 연희를 지지하면서 짐짓 모른 체한다. 이것이 바로 남주인공 기철이가 '방자'해진 연희를 무시하면서, 그녀를 통역이라고 하지 않고 '전달'이라고 부르는 이유이다. 오역하지 말고 사실 그대로 전달하라는 의미이다. 한국인들이 중국동포통역에 대한 불신과 편견이 남김없이 드러나는 장면이다.

영화에서 '조폭마누라' 홍콩여인 아령이는 시종 남주인공 기철이보다 보스기질과 무술 등에서 '한수 위'이며, 사랑에서도 항상 주동키스, 거침없는 손찌검 등이 되는 절대강자로 군림한다. 반면 기철이는 시종 '한수 낮은' 약자로 나타나며, 둘 사이에서 '조선족' 통역 연희가 미묘한 관계 조정을 한다.

한편 홍콩 무술고수 아령이가 땅콩과 젓가락으로 한국 조폭들을 무자비하게 쓰러뜨리는 엽기적 장면들은 1980년대 한국에서 큰 인기를 누렸던 홍콩무술에 대한 신격화로, 이는 한국인들의 중국무술에 대한 '숭배'를 남김없이 드러낸다. 이 또한 최근 작고한 홍콩 무술대가 이소

룡李小龍이 한국광고에 등장하는 '이유'이기도 하다.

아령이는 기철이의 도움으로 한국에서 '잘 살고 있는' 어머니를 확인한 후, 결국 모녀상봉을 포기하고 홍콩으로 돌아간다.

아령이를 배웅하는 공항에서 또 다른 흥미로운 장면이 있다. 사랑은 '기약 없이' 떠나가고 있지만 주인공 기철이는 무덤덤한 반면, '이별'을 더 슬퍼하고 애틋해하는 이가 바로 조연 연희이다. 그처럼 믿고 따르던 '보스 친구' 아령이가 떠난 후에도 연희가 종전과 같이 조폭들에게 호령할 수 있을지 의문이다. 아니나 다를까 그간 위풍당당하던 연희의 기세는 금세 사라지고 조폭들에 대한 태도도 급기야 공손해진다. '고국'에 남겨진 연희의 앞날이 근심스럽고 그녀를 기다리는 운명이 궁금해지는 이유이다.

한·중 '조폭지간'의 사랑스토리를 코믹하고 드라마틱하게 다룬 한국영화 "조폭마누라 3"가 한때 한국에서 큰 인기를 누렸다. 한편 영화 속에 등장하는 '연변처녀' 연희는 통역으로서의 분수를 모르고 '오역'을 일삼는 교활한 '호가호위 여우'로, 상황에 따라 재빨리 태도를 바꾸는 '카멜레온'식의 부정인물로 그려졌다는 점이 아쉬운 대목이다.

'통역' 연희의 캐릭터를 통해 보여준 평소 한국인들이 생각하는 '조선족 여성'의 부정적 이미지와 현실 속 중국동포여성과 영화 속에 묘사된 '조선족 여성'과의 괴리에서, 현재 한국인들이 이중정체성을 갖고 있는 중국동포들에 대한 단편적이고 편협한 시각을 엿볼 수 있다.

한국에 남은 '연변처녀' 연희는 곧 '새로운 운명'에 도전하게 될 것이다. 그녀가 드라마 "열아홉 순정"에서 주연을 담당한 '연변처녀' 양국화처럼 재벌2세와의 결혼에 골인하면서 '부잣집며느리'가 되는 좋은 운명을 맞이할지, 아니면 현실 속 대다수 재한 중국동포여성처럼 사회적 약자로 전락해 기시와 일상차별을 받는 '외국인노동자'로 취급될지 그 귀추가 주목된다. 독자들은 영화가 주는 메시지와 '시사점'에서 그 해답을 찾아야 할 것이다.

요컨대 한국인들은 불원천리하고 '코리안 드림'을 위해 고국을 찾아온 한민족·한겨레인 중국동포들에 대한 부정적 편견과 편협한 시각에서 벗어나, 그들을 포용하고 공생공영을 이루는 것이 바람직하다는 필자의 졸론이 사족·기우만이 아니기를 바란다.

한국 드라마 "열아홉 순정"의 시사점

2006년, 8개월간 한국시청자들의 주목을 꾸준히 받아왔고, 중국동포시청자들과 조선족사회에서 드라마 중 '연변처녀'의 정체성을 놓고 말썽이 많았던 KBS 일일드라마 "열아홉 순정"의 주인공인 '연변처녀' 양국화의 정체성이 논란이 되었다.

특히 우여곡절 끝에 본 드라마 주인공인 '연변처녀' 양국화가 파란만장한 애정생활의 결실을 맺고, 한국 재벌2세와의 결혼에 골인하면서 점입가경이었다. 결국 드라마는 예상대로 해피엔드로 끝났지만, 고국에 온 중국동포를 주제로 다룬 본 드라마가 시사하는 바는 매우 크다.

19세의 어린 나이에 고향을 떠나 혈혈단신으로 한국에 시집온 '연변처녀' 양국화는 생소한 생활환경에서 오는 이질감과 생활상의 압력을 감수하면서, 완강한 의지와 생활력으로 한국인들의 인정을 받고 결국 재벌2세와의 사랑이 결실로 맺어진다.

주인공 양국화가 고국에서 겪는 희로애락이 겹친 생활경력과 순탄치 않은 과정들이 바로 모종 면에서 중국동포들이 고국에서 겪는 생활단면 그 자체를 보여주는 것이며, 그녀가 고국에서 느끼는 위화감과 문화적인 이질감 및 생활상의 딜레마가 실제 재한조선족의 고국생활 축소판이기도 하다.

더욱 중요한 것은 드라마 "열아홉 순정"은 주인공 양국화의 해피엔딩의 결과를 통해 생활스타일과 사고방식이 다르지만, 엄연한 한민족의 일원인 중국동포를 결과적으로 한겨레·동포로 받아들이고 인정해야 한다는 취지의 드라마 주제가 담겨져 있다는 점이다.

드라마 중 '연변처녀' 양국화와 기타 한국인들 사이에 벌어지는 외면과 기시, 갈등과 마찰 속에서 점차 상대에 대한 관심과 애정을 통해 동질성을 찾고 서로가 인정하는 과정은 현재 중국동포들이 고국에서 겪는 과정으로 '지향적인 결과'라고 볼 수 있을 것이다.

또한 부동한 생장환경과 이념 속에서 그동안 남남으로 제각기 다른 삶을 살아왔던 조한朝韓 한민족 간에 불가피했던 갈등과 불신에서 이해와 신임으로 가는 과정이기도 하다.

드라마 후반부에서 파란곡절과 시련 끝에 중국동포 양국화가 주변 한국인들의 인정을 받는 과정은 고국동포들이 재한조선족에 대한 한겨레로서의 인정이다. 이런 의미에서 우리는 드라마 "열아홉 순정"이 시사하는 적극적인 의의에 대해 좀 더 진지한 성찰과 함께 관용적인 자세가 필요하다.

그리고 이 역시 단일민족국가인 한국이 다문화시대에 '타민족'을 받아들이면서 겪는 갈등이자 수순이기도 하다.

유감스러운 것은 본 드라마가 주인공에 대한 설정이 일방적이고 주관적인 상상에 의한 시행착오가 적지 않아 '연변처녀' 이미지를 희화화했다는 지적을 모면할 수 없다는 점이다.

드라마 방영초기 필자 역시 드라마 속에 왜곡된 '연변처녀' 형상에 대해 지적하고 꼬집은 바 있다. 하지만 최근 일각에서 드라마의 적극적인 의미와 '해피엔딩'이 가지는 긍정적인 측면을 비하하면서, 무조건 부정적인 시각과 선입견적인 시청은 결코 바람직한 현상이 아니라고 본다.

더욱이 드라마의 소극적인 일면을 부각시켜 현재 격화되고 있는 '반한감정'에 역이용한다면 어불성설이다. 우리는 모름지기 본 드라마의 적극적인 의미와 긍정적 측면에 사유와 시선의 포커스를 맞춰야 할 것이다.

요컨대 드라마에서 자주 노출되는 해외동포에 대한 부적절한 묘사는 관용적인 시각으로 봐야 할 것이며, 드라마가 보여주고자 하는 적극적인 일면과 미래지향적인 시사점에 대해 긍정해주고 포섭하는 자세가 바른 시각이 아닌가 하고 생각한다.

한국정부가 재중동포에 대한 혜택으로 방문취업제를 실시한다고 선포해 귀추가 주목되고 있다. 이는 현재 많은 중국동포들이 한국행을 갈망하고 있는 현실에서, '코리안 드림'을 꿈꾸는 수많은 재중동포들에게는 복음福音이 아닐 수 없다.

내한來韓 중국동포들은 불법신분이 아닌 합법적인 신분으로 일할 수 있고 관련법의 보장을 받으면서 '코리안 드림'을 실현하게 되는데, 이는 고국이 해외동포에 대한 배려차원으로 환영할 바라고 생각한다.

이러한 시점에서 공영방송 KBS가 중국동포를 주인공으로 선정한 드라마 "열아홉 순정"에서 '연변처녀' 양국화를 인정하고 결국 한 가족으로 받아들이는 해피엔딩의 결과를 선택했다는 것에, 본 드라마의 적극적인 일면과 시사점이 있다.

한마디로 드라마는 궁극적으로 700만 해외동포인 중국동포를 한겨레로 인정하고, 한민족의 일원으로 받아들여야 한다는 포인트에 초점이 맞혀져 있다.

물론 픽션의 드라마와 냉정한 현실은 엄연한 차별이 존재한다. 드라마는 드라마로 봐야 하지만 한국공영방송으로서의 KBS의 취지는 명확하다. 이는 분명히 재한조선족 및 중국동포들에게 복음으로 파급될 것이며, 현재의 갈등과 불신에서 벗어나 상호신임과 화합에로의 해피엔딩을 기대한 것으로 풀이된다.

아쉬운 점은 드라마 제작진이 주인공 '연변처녀' 양국화를 좀 더 연변의 실정에 맞는 인물로 묘사하지 못한 것이 옥에 티로, 미중부족美中不足으로 지적된다. 중요한 것은 드라마는 현실에 기초하고 현실을 반영하며, 현실을 초월한 미래지향적이라는 점이다. 이런 의미에서 한국 드라마 "열아홉 순정"이 시사하는 바는 매우 크며, 따라서 중국 동포 시청자입장에서는 모름지기 긍정적인 시각으로 바라보는 것이 바람직하다.

필자는 드라마 속의 '연변처녀' 양국화의 해피엔딩이 고국인 한국에서 열심히 살아가고 있는 모든 중국동포들의 해피엔드로 재현되기를 진심으로 바라마지 않는다. 아울러 본문이 '꿈보다 해몽'이 되지 않기를 내심 기대한다.

짧은 인생, 위대한 삶

중국땅에서 순직한 조계창 씨를 추모하며

36세는 인생의 가장 '꽃다운 나이'로 황금시기라고 할 수 있다. 얼마전 중국 연길 출장취재 중 악천후로 불의의 교통사고를 당해 순직한 고故 조계창 연합뉴스 중국주재 심양瀋陽특파원의 뜨거운 민족애와 치열한 기자정신이 한중언론과 동료들 속에서 회자되고 있다.

사람들은 짧은 인생이었지만, 위대한 삶을 산 한국기자의 죽음을 애통해하고 슬퍼하고 있다. 짧은 생애였지만, 고인의 삶은 '조국과 민족을 위한 위대한 삶'으로, 영원히 기억될 것이다.

故 조계창 씨는 선각자 의식과 '발로 뛰는' 기자의 치열한 삶을 가장 잘 보여준 사람이다. 이국땅에서 36세의 짧지만 빛나는 생애를 마감한 고인이 남긴 기사들에는 통일을 염원하는 평화로운 삶과 분열된 한민족의 슬픔, 척박한 땅위에서 열심히 살아가는 중국동포의 치열한 삶의 모습이 그대로 담겨져 있었다.

그가 고민한 것은 사회적 약자들을 위해 기자가 해야 할 일이었고, 그들의 희구希求에 대한 정확한 반영 여부였다. 고인이 관심하고 우려한 것은 자신의 안위보다는 민족의 평화로운 삶이었고, 분단으로 인한 한민족의 애환이었다.

그렇다면 고인은 왜 사랑하는 가족과 갈라져 풍요로운 삶을 포기하고 북경·상해 등 대도시가 아닌, 기후와 자연환경이 상대적으로 열악한 동북땅을 선택했겠는가? 그것은 동북3성이 민족분열과 분단된 한반도의 비극을 가장 절실하게 느낄 수 있는 곳이며, 200만 중국동포의 치열한 삶의 모습을 체감할 수 있는 곳이기 때문이다.

고인은 동북땅에서 당당하게 살아가는 중국동포의 삶과 한민족의 애환을 진실하게 보여주기 위해 힘들고 고달픈 이국생활을 후회 없이 선택했고, 민족과 평화를 사랑하는 투철한 기자정신을 몸소 보여주었다.

2006년 6월 한국 언론 사상 최초의 중국주재 심양특파원으로 부임하면서 고인은 평소 자신이 품었던 뜻을 행동으로 실천해나갔고, 그가 남긴 발자취는 동북삼성의 오지를 포함한 '방방곡곡'이었다.

그의 죽음을 안타까워하는 동료들의 탄식과 애통 속에는 늘 부지런하게 '발로 뛰며' 있는 그대로의 사실을 보도하기 위해 최선을 다 했고, 상상이 아닌 진실을 전달하려고 애써왔던 고인의 성실하고 치열한 기자정신이 자연스럽게 묻어나있다.

심양 현지의 한 교민은 고인을 기리는 인터넷 글에서 "조 특파원은 사무실에서 번역한 뉴스재료를 기사화하지 않고, 직접 현장을 뛰어 확인하는 참으로 부지런한 기자"라고 칭찬했다. 평소 업무처리만 해도 빡빡한 뉴스통신사 기자인 그가 취재여건이 열악함에도 불구하고 취재원을 직접 만나기 위해 동북3성을 누비고 다녔으며, 현장진실을 파악하기 위해 출장을 많이 다닌 특파원이었다.

중국 사이트 온바오닷컴에는 "타국땅에서 알게 된 첫 한국기자로, 대한민국 언론을 대표할 수 있는 자랑스러운 기자"라는 칭송의 글이 실리기도 했다.

고인의 영결식에 참가하기 위해 불원천리하고 한국에 온 중국 흑룡강신문사 윤운걸 주임기자는 "조 특파원은 동포사회의 소식을 발로 뛰어 정확히 취재해 객관적으로 보도, 동포사회의 신망이 매우 두터웠다"며 "중국동포와 한민족을 위해 현장을 누비던 한국 최초의 특파원이 우리 곁을 떠나갔는데, 연변지역의 동포신문 기자를 대표해 고인의 마지막 길을 함께 하고 싶었다"고 참가 이유를 밝혔다.

윤운걸 기자는 연합뉴스와 한국 언론계는 동량지재를 잃었고, 생전 고인을 알고 지내던 조선족인사들도 갑작스런 비보에 모두 애통해했다고 말했다.

인간은 이 세상에 태어나서 죽게 마련이며, 생로병사는 누구에게나 해당된다. 하지만 어떤 죽음은 홍모鴻毛보다 가볍고, 어떤 죽음은 태산泰山보다 무겁다. 타인의 행복을 위해 아까운 청춘을 바쳤다면 이는 '고상한 삶'이며, 민족을 위해 귀중한 생명을 바쳤다면 그것은 '위대한 삶'

이 될 것이다. 이 또한 많은 이들이 '위대한 삶'을 칭송하고 기리는 이유이다.

우리는 짧은 인생을 살았지만 민족과 평화를 위해 중국땅에서 순직했고, 위대한 삶을 산 평범한 한국기자 조계창 씨를 잊지 말고 오래오래 기억해야 할 것이다.

700만 해외동포는 한국의 소중한 자산이다

'세계한인신문' 창간을 축하하며

현재 전 세계에서 활약하고 있는 한민족 해외교포가 700만 명을 넘어 바야흐로 1천만 시대로 접어들고 있다. 이들은 고국과 해외의 7700만 한겨레 사이에 중요한 가교역할을 하고 있으며, 고국의 문화를 해외에 홍보하고 한민족의 전통문화와 생활습관을 유지하면서 한민족의 얼을 지키고 있다.

현재 4000개의 재외 한인단체와 50여 개 경제인단체들이 세계의 방방곡곡에서 한민족 네트워크의 근간이 되고 있고, 해외교포의 활동 영역은 한국기업들이 해외로 진출하는 발판이 된다. 700만 해외교포는 세계화시대 한국의 소중한 자산이다.

해외교포문제연구소는 이와 같은 현실을 직시하고 700만 해외교포의 고국에 대한 소망이 무엇이며, 고국동포가 해외교포에게 거는 기대는 무엇인지를 대변함으로써 문화와 혈통으로 맺어진 한민족 국내외의 동포가 한겨레임을 확인하여 민족의 번영과 통일에 공헌하는 진정한 해외교포의 대변지 역할을 하려는 취지에서, 고국과 해외교포지간에 필요한 소통 및 유대작용을 할 수 있는 '세계한인신문'인터넷신문을 창간하게 된다. 이러한 의미에서 '한인신문'의 창간은 역사적 의의와 현실적 의미가 매우 크다고 할 수 있다.

전 세계에 산재해 있는 700만 해외동포는 자신들의 피타는 노력과 강한 생활력으로 거주국 현지에서 삶의 터전을 일구었고 생활의 강자로 인정받고 있다. 이미 해외동포들의 개척정신과 창조성, 한민족 특유의 근면성과 친화력으로 국제사회의 인정을 받으면서 고국의 위상을 높였다. 해외동포는 한민족의 중요한 자산으로, 그들의 중요성은 21세기 세계화시대에서 갈수록 부각될 것이다.

해외동포의 경쟁력은 고국인 한국의 국가경쟁력으로 발돋움하고 있으며, 고국의 사회통합과 민족화합에 적극적인 기여를 할 것이다. 작금의 세계화시대에서 해외동포들의 존재와 활약은 '21세기 위대한 한민족시대'를 앞당기는데 거대한 공헌을 할 것이다.

2008 세계한인언론인워크숍에 참가한 해외동포언론인들을 초대한 총리공관 오찬간담회에서 한승수 총리는 "정부는 재외동포들이 한민족으로서 정체성을 유지하고 고국과 긴밀한 유대관계를 가질 수 있도록 노력하겠다"며 "한국이 성숙한 세계국가로 나가는데 700만 재외동포는 큰 힘이 될 것이다"고 말했다. 한 총리는 해외동포사회의 여론을 형성하고 민족 이익과 동포 권익을 위해 최선을 다하는 해외동포언론인의 작용을 높이 평가했다. 해외동포언론인 대표로 금번 간담회에

참가한 적인 있는 필자는 재외동포사회와 고국과의 소통과 긴밀한 유대가 절실함을 실감했다.

현재 한·중 관계가 전략적 동반자로 격상되었고 한국기업들이 대량 중국진출을 한 시점에서, 중국전역에서 생활하고 있는 200만 재중동포들은 소중한 자산임에 틀림없다. 중국에 진출한 한국기업들이 성공하려면 중국동포들의 협력과 가교역할이 필수적이며, 중국과 한국은 지정학적이나 역사적으로 볼 때 '불가분리의 관계'에 놓여 있다.

최근 고국과 중국동포 사이에는 소통의 부재로 알력과 불신이 상존해 있고, 재외동포정책의 형평성 문제점이 노출되고 있는 상황이다. 이 또한 네트워크를 통한 상호 교류와 이해가 더욱 필요한 이유이다.

민족문화의 뿌리가 있는 고국은 700만 해외동포에게 있어 든든한 버팀목으로, 특유의 한민족 정체성이 보전되고 타민족에 동화되지 않는 한 고국의 흥망성쇠는 해외동포의 존망과 직결된다. 중국동포들은 중국국적을 소유한 한민족의 일원으로 중국대륙에서 당당하게 살아가고 있는 해외동포이다.

고국동포들이 재중동포의 정체성을 인정해주고 차별 없이 한민족으로 인정해줄 때, 중국동포의 가교역할이 더욱 잘 발휘될 수 있을 것이다. 200만 중국동포와 7000만 고국의 공생공영의 긴밀 관계는 서로에게 이익이 되는 윈-윈 관계이다.

이구홍 전 재외동포재단 이사장은 "재외동포는 한국경제의 발전과 모국의 민주화를 앞당기는데 기여했으며, 오늘날 글로벌시대에 국가발전의 밑거름이 되고 있다"며 "재외동포들이 고국에 애정을 갖게 하려면 한민족의 정체성과 자부심을 갖도록 해야 하며, 700만 재외동포와의 탄탄한 네트워크를 만드는 작업은 한 차원 높게 문화적으로 전개되어야 한다"고 지적했다.

700만 해외동포들은 한국의 소중한 자산으로서 그들이 거주국사회에서 세계화의 첨병으로 활동할 수 있도록, 고국은 해외동포사회의 지원에 최선을 다해야 할 것이다.

21세기는 인터넷이 각광받는 정보화시대이다. 세계화시대에서 인터넷신문이 갖는 영향력은 갈수록 커지고 있다. '세계한인신문'이 7000만 고국과 700만 해외교포 사이에서 가교역할과 유대작용을 하는, 명실상부한 인터넷신문으로 거듭나기를 바라마지않는다.

중국동포와 한국인의 상생관계

　20세기 후반, 냉전시기 40~50년간 조선족과 한국인은 중국의 국민과 대한민국의 국민으로 각기 다른 이념과 제도 하에서 색다른 삶을 살아왔다. 이렇게 남남으로 살아오던 한민족이 민족의 동질감과 서로의 정체성을 확인하면서, 극적으로 해후상봉을 하게 된 것은 1992년 한중韓中 양국의 수교를 계기로 볼 수 있다.

　그 후 한국기업의 중국에로의 본격적 진출과 조선족들의 대량적 고국방문을 통해 한동안 밀월을 보내다가 최근에는 부동한 이념과 생활습관 및 사고방식의 마찰이 심화되면서, 이들의 관계에 금이 가기 시작했다. 불행하게도 최근 들어 문화적 차이와 이념적 시각 차이가 커지면서, 서로가 상대를 원망하고 반목질시하는 '앙숙快宿'으로 변하고 있다.

　그럼에도 불구하고 중국동포·조선족과 한국인은 같은 조상을 가진 엄연한 한민족이자 한겨레이다. 한민족의 개념 부각은 '주로 일제강점기에 형성되어, 잃어버린 나라를 찾기 위해 민족의 동질성을 찾고 타민족을 상대해 혈통을 강조한 것이 그 특징이라고 할 수 있다.

민족의 개념은 '동일한 문화집단으로 공동한 생활풍속 및 가치관을 소유한 공동체'로 볼 수 있다. 하지만 동일한 민족도 부동한 이념과 제도 및 생활환경에서 장기간 갈라져 생활하게 된다면 문화적인 이질감을 면치 못할 것이다. 오늘날 남북한의 실례와 한국인과 조선족 간의 불신관계가 그 전형적인 보기이다.

한국인과 조선족의 상생관계를 밝히려면, 우선 국가와 민족의 정체성을 확인해야 한다. 단일민족국가에서 생활하고 있는 한국인들은 흔히 민족과 국가의 개념을 동일하게 받아들이지만, 중국국적을 가지고 있는 조선족은 중국의 국민으로서의 책무와 법률에 충실해야 상응한 보호와 혜택이 주어진다.

따라서 조선족은 조상들의 살아왔던 한반도의 한민족남북한 포괄과 밀접한 문화적 유대관계를 유지하고 있으며, 이러한 이중 정체성은 조선족만이 가지고 있는 특징이다. 고故 연변대학 정판룡 교수는 "조선족은 출가외인으로 고국은 본가이고 중국은 시댁"이라고 조선족의 이중성과 고국과의 불가분의 관계를 생동하게 지적했다.

1992년 한·중 수교 후 성행된 조선족들의 한국바람은 평온하던 조선족사회에 엄청난 변화를 일으켰다. 조선족들의 '코리안 드림'을 실현하기 위한 출국 붐은 산업연수와 노무송출을 통해 급속히 진행되었고, 대량출국에 따라 농촌 황폐화와 이혼율상승에 따른 가정파탄,

교육문제 등 일련의 사회문제들이 발생되었다.

하지만 많은 조선족들이 해외노무를 통해 경제적 부富를 이뤘고, 시장경제에 대한 인식전변 등 긍정적인 면이 있었다. 따라서 개혁개방 과정에서 나타난 소극적이고 부정적인 현상들을 무조건 한국바람에 돌린다면 어불성설이다.

한국인과 조선족 사이에 팽배한 갈등과 불신을 해소하려면, 우선 상대를 이해하고 상대방의 장점을 긍정하며 단점을 극복하도록 도와주는 것이 중요하다.

한국인들은 생활고로 고국에 온 중국동포들에 대해 이해하고 신임해주며, 한겨레의 따뜻한 정을 고국에서 느끼도록 하는 것이 바람직하다. 만약 조선족들의 도움이 없었다면 한국기업들이 중국시장 공략에 많은 어려움이 있었을 것이고 중국에서의 성공도 퍽 어려워졌을 것이다.

조선족들은 중국에서의 진부한 습관과 관념을 갱신하여 한국인들로부터 인정받는 노력이 필요하며, 한국인의 선진적인 경제의식과 생활상의 에티켓, 철저한 서비스정신을 따라 배워야 한다. 조선족은 한국을 통해 민족문화를 되찾았고 경제상에서도 많은 혜택을 보았다. 즉 조선족과 한국인의 관계는 고기와 물과 같은 존재로 '불가분리의 관계'에 놓여 있다.

최근 한·중 관계는 전면적 동반자에서 전략적 동반자로 격상되었고 한국기업들이 대량 중국진출을 한 시점에서, 중국전역에서 시장과 인맥을 갖고 열심히 살아가고 있는 200만 해외동포·조선족들의 존재는 한국의 귀중한 재산이 아닐 수 없다.

현재 한국 등 해외유학을 다녀온 수많은 조선족엘리트와 중국 국내의 유명대학을 졸업한 고급인력들이 중국전역에 분포되어 있는데, 이들은 중국에 진출한 한국기업의 발전에 무궁한 인적자원을 제공할 것이다. 중국에 진출한 한국기업의 성공사례에서 볼 수 있는바와 같이 한국인과 조선족의 상생관계는 상호 이득이 되며, 한국기업이 중국에서 발전 및 성공하는 보장이 되고 있다.

그 외에도 상당한 자본력과 자생력을 갖추었고 중국전역에 분포된 조선족기업들의 자본과 인맥 및 정보와 시장을 공유한다면, 한국기업들의 발전에 큰 도움이 될 것이다. 아울러 상호 신임과 파트너십을 전제로 정보와 시장을 공유하는 네트워크를 형성·공용한다면, 상부상조 및 서로 '득이 되는' 윈-윈 효과를 거둘 수 있을 것이다.

한편 한국과의 협력관계를 발전시키는 것은 조선족들에게도 필수이며 미래지향적이다. 현재 조선족사회가 인구감소와 민족교육 퇴보, 지역경제 슬럼프 등 위기상황에서 조선족사회가 한국과의 교류와 합작 및 상호의존과 보완은 현존하는 조선족사회의 위기를 극복하고 '제2의 도약'을 실현할 수 있는 계기와 발판으로 될 수 있다.

1990년대 한·중 수교 이후 한국기업의 중국진출은 조선족의 발전에 무궁한 기회와 발전공간을 제공해주었으며, 많은 조선족들이 직간접적으로 한국과의 교류를 통해 경제이익을 포함한 실리를 챙기고 있는 것도 부인할 수 없는 사실이다. 중국과 한국은 지정학적이나 역사적으로 볼 때 불가분리의 관계에 놓여 있다. 중·한 양측 사이에 미묘한 유대적인 관계를 갖고 있는, 중국전역에 생활하고 있는 200만 조선족은 21세기 한·중 관계에서 중요한 변수로 작용할 것이다.

조·한 한민족 간에 존재하는 불신과 갈등이 극복되지 못하고 진일보 악화된다면, 조선족의 미래는 밝지 못하고 중국에서의 한국의 이미지도 심각한 영향을 받게 될 것이다.

요컨대 중국동포·조선족과 고국동포·한국인의 상생관계는 '서로가 이익 되는' 긍정적인 효과를 얻을 수 있지만, 반면 반복질시와 분열양상은 '서로가 상처와 타격을 입는' 양패구상兩敗俱傷이 될 것이다. 이 또한 조·한 한민족 간의 '상생'이 중요한 이유이다.

고국은 우리에게 소중한 존재이다

현재 중국국적을 가지고 중국본토와 해외에서 살고 있는 200만 조선족중국동포들에게는 한국과 조선북한이라는 분단된 두 고국을 갖고 있다. '잘사는' 한국과 '못사는' 조선북한 모두 중국에서 살고 있는 조선족 동포들에게는 소중한 존재로, 혈연과 문화 및 경제적인 측면에서 불가분리의 밀접한 유대관계를 지니고 있다.

중국의 소수민족의 일원으로 생활하고 있는 조선족은 한민족의 일원으로, 같은 조상을 가진 한겨레이며 피를 나눈 백의민족이다.

최근 재한 중국동포사회와 중국 조선족사회에서 갈수록 팽배되어가고 있는 반한反韓감정과 고국에 대한 불신, 혐오와 반목질시에 많은 지성인들이 우려하고 있는 실정이다.

현재 많은 동포들이 고국의 혜택을 받고 있음에도 불구하고, 작금의 한·중 조선족사회에는 고국에 대한 불만과 고국동포 한국인에 대한 지나친 염오 및 노골적인 적대감이 편재되어 있다. 현 불신 상태가 지속되고 악화일로로 발전해간다면, 가뜩이나 사분오열된 한민족은 또 다른 새로운 위기를 맞게 될 것이다. 불행한 현실이고 걱정스러운 현황이다.

고국은 조상 적부터 대대손손 살아왔던 고향의 나라로, 문화적 뿌리와 역사적 혈연관계가 얽혀져 있는 곳이다. 현재 한민족의 문화와 생활습관을 보유하고 있는 중국동포들은 한·중 수교 후 그동안 격조했던 고국을 대량 방문했고, 노무송출과 친인척 초청 등 불·합법체류를 통해 경제가 발전한 한국에서 경제적 부富를 이뤘다.

한편 언어가 통하고 문화의 근저인 고국에서 조선족동포들은 한민족의 문화적 동질감과 정체성을 확인하였고, 시장경제에 대한 새로운 인식과 의식전환을 통해 '부자의 꿈'을 실현할 수 있게 되었다.

2007년 한국정부는 해외동포인 중국동포들에 대한 우대정책으로, 방문취업제를 본격적으로 추진했다. 따라서 한국에 친척관계가 없는 무연고동포들이 시험과 추첨을 통해 고국에서 합법적인 체류와 취업이 가능해졌고, 많은 중국동포들이 불법체류자 딱지를 떼고 그동안 전전긍긍하던 생활의 불안 속에서 해탈되었다.

현재 40~50만귀화포함의 방대한 중국동포들이 고국에서 타운을 형성해 떳떳하게 생활하고 있고, 자신들의 부지런한 노동으로 '코리안 드림'을 이뤄가고 있다. 이 또한 고국이 우리에게 부여한 혜택이다.

재외동포정책의 적극 추진 및 혜택 속에는 고국의 따사로운 동포지정과 사랑이 숨어있다는 것을 우리는 부인해서는 안 된다.

물론 현재로선 일부 허점이 있고 보완해야 할 점도 적지 않지만, '주는 이'의 '당연한' 배려 속에 '받는 이'의 감사함과 의무감이 동반되어야 한다. '잘 사는' 고국의 인색함과 일상차별 및 사회적 기시를 탓하기에 앞서 우리의 자세와 준법의식, 생활상의 비리와 저속한 언행들을 우선적으로 자성할 필요가 있을 것이다.

1990년대 냉전체제가 해체되고 한·중 수교가 이뤄지면서, 한국기업의 중국진출은 조선족의 발전에 무궁한 기회와 발전공간을 제공해 주었다. 현재 많은 중국동포들이 고국방문과 한국과의 경제적인 교류를 통해 경제이익을 포함한 실리를 챙기고 있는 것도 부인할 수 없는 작금의 현실이다.

현재 중국연해지역과 대도시에 50~60만의 조선족동포들이 진출하여 새로운 삶의 근거지를 개척하고 있는 것도 한국기업의 이 지역의 중국진출과 무관하지 않다. 1990년 중반 이후 많은 조선족 젊은이들이 한국기업에 취직하여 한국기업이 중국에서의 발전과 성장에 도움을 주었으며, 점차 생활기반을 확장해나갔던 것이다.

조선족집거지 연변조선족자치주를 비롯하여 중국전역에서 생활하고 있는 조선족동포들은 한류의 전파자이자 혜택의 당사자이다. 중국에서 활약하고 있는 조선족 엘리트들 중 많은 이들이 한국에서 유학했으며, 고국에서 돈을 벌어 귀국한 중국동포들은 고국에서의 시장경제 의식과 생활체험을 통해 한·중 경제문화발전에 중요한 가교 역할을 하고 있다.

현재 많은 중국동포들은 안방에서 한국드라마를 시청하고 있고, 한류문화의 정수를 향수하고 있다. 중국동포들의 고국에서의 수입은 후대교육의 직접적인 경제내원이 되었고, 최근에도 많은 이들이 자식을 한국에 보내 우수한 고국문화를 배우게 하고 있다.

현재의 반목·불신관계는 장기적 관점에서나 단기적 시각에서 놓고 보아도 결코 바람직하지 못하다. 고국과 해외동포의 관계는 '물과 고기의 관계'로 서로가 원하는 불가분의 유대관관계이며, 고국과의 원활한 관계유지는 중국조선족들에게 있어 필수적이다.

게다가 최근 조선족사회가 맞고 있는 농촌공동체 해체와 민족교육의 퇴보 및 지역경제 슬럼프 등 위기상황에서, 고국과의 교류와 상호의존 및 합작보완은 현존하는 조선족사회의 위기를 극복하고 '제2 도약'을 실현할 수 있는 계기·발판으로 될 수 있다는 것을 망각해서는 안 된다. 고국의 아낌없는 지원과 동포정책의 직접적인 수혜자가 바로 중국동포들이다.

민족문화의 뿌리가 있는 고국은 700만 해외동포에게 소중한 존재로, 특유의 조선족 정체성이 보전되고 타민족에 동화되지 않는 한 고국의 흥망성쇠는 민족의 존망과 직결된다. 중국국적을 가지고 한민족으로 살아가는 대다수 조선족들은 민족정체성을 확보하면서 한·중 발전의 중개자 작용을 해야 하며, 현재 남북으로 분단된 고국·한민

 그래도 희망은 대한민국

족 화합의 성스러운 사명에 가교 역할을 해야 하는 것이 이 시대가 그들에게 부여한 숙명적 운명이다.

요컨대 200만 조선족과 7000만 고국의 상부상조·공생공영관계는 서로가 이익을 얻는 윈-윈 효과를 얻을 수 있지만, 반면 반목질시와 사분오열은 공동쇠퇴를 불러올 것이다.

사이코패스의 '희생양'이 된 중국동포

요즘 대한민국에서 사회적 문제로 화두가 된 유행어가 사이코패스 Psychopath라는 말이다. 사이코패스는 '정신병의 일종으로 반사회적 성격장애자'를 일컫는 말이다. 발생원인은 '뇌의 전두엽에 이상이 오는 것 때문'으로 알려져 있다. 사이코패스들은 대개 이중적인 성격의 소유자로서 충동적이며 도덕성과 책임감이 결여되어 있다. 순간적 충동으로 반도덕적, 반사회적 행위를 저지르는 사이코패스의 성향은 서구식 '묻지마 범죄'와 유사하다.

사이코패스의 특징은 무고한 희생자에 대한 양심의 가책을 전혀 느끼지 못하며, 피해자에 대한 아무런 감정과 미안함이 없고 본인의 범행에 대해 반성하지 못하는 것이다.

한국의 대표적 사이코패스들은 악명 높았던 살인범 유영철과 정남규, 보성 연쇄살인범 어부 오종근 등이 있다. 요즘 '뉴스인물'이 된 연쇄살인범 강호순의 사건도 '사이코패스 범죄'에 속한다. 지난 2004년에 검거된 연쇄살인범 유영철은 정신감정을 통해 '희생자에 대해 양심의 가책을 전혀 느끼지 못하는' 사이코패스 범죄라는 것이 처음으로 확정되었다.

연쇄살인범 대다수가 사이코패스의 성향은 갖고 있으며, 이들을 '두 얼굴의 인격체'라고 부른다. 주목되는 것은 요즘 한국사회를 경악케 한 연쇄살인범 강호순에게 살해당한 네 번째 희생자가 경기도의 한 골프장에 매장된 중국동포 여성이라는 점이다.

연쇄살인범 강호순 사건을 추적하면서 경찰이 골프장에 매장된 시신 발굴작업을 벌이고 있지만, 현재 별다른 성과를 거두지 못하고 있다. 최근 시신 발굴이 갈수록 난항에 부딪치면서, '골프장 공사과정에서 시신이 유실됐을 가능성도 배제할 수는 없다'는 결과가 나와서 더욱 안타깝다.

간과할 수 없는 것은 강호순에게 피살된 부녀자 7명 중 3명이 노래방 도우미로, 범죄자가 범죄행각의 초반 범행대상을 모두 노래방 도우미로 선택했다는 점이다. 노래방 도우미 중 세 번째로 살해당한 피해자가 바로 '골프장에 매장'된 중국동포이다.

상대적으로 노래방 도우미들은 생활 형편이 어려운 여성들로, 자신을 방어하거나 범죄피해를 당했을 때 구제방법이 취약하다. 특히 2006년 음악산업진흥법이 출범된 후 노래방 도우미 고용행위가 불법으로 금지되면서, 업주와 도우미 모두 사소한 범죄피해는 신고를 못하고 감수해야 하는 실정이다. 강호순이 범행초기 노래방 노우미를

표적으로 삼은 것도 이같은 '이유'에서다.

현재 재한중국동포 여성들이 성폭행과 흉악범죄의 사각지대에 노출된 것은 어제오늘의 일이 아니다. 얼마 전 중국동포여성 K씨는 식당 동료의 성폭행을 피해 달아나다 3층에서 떨어져 중태에 빠졌다. K씨는 인근 병원에서 뇌수술을 받았지만 아직까지 의식을 되찾지 못하고 있다.

이처럼 최근 중국동포 여성들을 상대로 한 성폭행 사례가 늘고 있다. 일부 범죄자들이 한국생활에 잘 적응하지 못한 외국인여성, 특히 불법으로 서비스업종에 종사하는 중국동포 여성들의 '약점'을 악용하여 그녀들을 범행대상자로 선택하고 있는 것이다.

얼마 전 서울에서 '묻지만 범죄'로 고시원에서 생활하던 3명의 중국동포 여성들이 목숨을 잃는 사건이 발생했고, 피해자 13명 중 6명이 중국동포 여성들이었다. 2008년 1월 발생한 이천 냉동창고 화재참사에서는 중국동포 10여 명이 숨졌고, 2007년 2월 여수 출입국관리소 화재 때도 중국동포를 포함해 10명의 외국인노동자가 사망했다.

이처럼 무차별 살인의 '묻지마 범죄'나 '인위적' 화재참사, 흉악범죄가 발생할 때마다 무고한 중국동포들이 피해자가 되었다. 이는 재한중국동포들의 생명안전이 그만큼 보장받지 못하고 있다는 반증이다.

화재 및 고시원 참사, 성폭력 범죄를 통해 재한중국동포 여성들의 힘겨운 삶이 재조명되고 있다. 이들 대부분은 고시원 쪽방이나 식당에서 숙식을 해결하면서 '묻지마 범죄'와 성희롱·성폭행의 표적이 되고도 오히려 불이익을 받을까 '벙어리 냉가슴'을 앓고 있다.

열악한 환경과 차별·경시에도 참고 견딜 수밖에 없는 중국동포 여성들이 이번에는 사이코패스의 '목표'가 되었다. 중국동포들은 이번 사건을 교훈으로 삼아 성범죄에 노출되는 '직업 선택'에 심중을 기해야 할 것이다. 돈 버는 것보다 더욱 중요한 것이 생명안전이기 때문이다.

현재 고국에서 취업하는 많은 중국동포 여성들이 식당에서 일하고 있지만, 일부는 다방이나 노래방 등 서비스업종에서 '불법취업'을 하고 있다. 이는 성폭행 등 성범죄에 노출되기 쉬운 곳으로, 피해를 당해도 신고를 못하는 처지에 놓이게 된다. 이 또한 범죄자들이 노리는 '약점'이 되고 있다.

한국의 외딴 골프장에 억울하게 묻혀있는 중국동포 원혼을 삼가 위로하면서, '묻지만 범죄'나 사이코패스들의 흉악범죄에 중국동포들이 '희생양'이 되는 비극이 더 이상 발생하지 않기를 바란다.

그래도 희망은 대한민국

21세기 남북관계와 민족의 통일

상생의 실크로드, 통일 KOREA

이명박 당선자께 드리는 글

우선 제17대 대통령 선거에서 여러 후보들과의 경쟁에서 승리를 거두신 이명박 대통령 당선자께 진심으로 축하를 드립니다.

당선자께서는 '경제대통령'이 되겠다는 꿈을 끝내 이루셨습니다. 대통령 당선자께서 몸을 담고 있던 보수야당 한나라당에서는 '10년 만에 정권교체를 이뤄냈다'며 자축의 분위기에 휩싸여 있지만, 중국국적을 갖고 있는 해외 한민족으로 '우려스러운' 해외 일각의 목소리를 전해드리고자 외람되게 글을 올립니다.

금번 대통령 선거에서 거의 절반48.7%에 달하는 한국국민들이 李 당선자님께 소중한 한 표를 보낸 것은 CEO 출신의 성공적인 경력과 전 서울시장 재직기간에 보여준 행정능력, '경제대통령'이 되려는 의지와 가능성을 신임하였기 때문이라고 생각합니다.

현재 13위 경제대국으로 일인당 GDP가 2만 달러 시대에 진입한 한국이지만, 일본과 중국 사이에서 '샌드위치'의 경제위기를 맞고 있고 사회양극화가 갈수록 심화되고 있는 상황입니다. 물론 여기에는 참여정부가 책임을 회피할 수 없다고 봅니다.

향후 당선자께서는 임기 5년 내 국민들의 기대를 저버리지 말고 대한민국을 '투자하기 좋은 나라', '모든 국민이 잘사는 나라'로 만들어가기 바랍니다.

그간 보수야당으로 대북정책에 '걸림돌'이 되어 온 한나라당의 집권여당으로의 변신은 많은 이들로 하여금 남북관계의 '10년 전 원점' 퇴보를 우려하고 있습니다. 당선자께서는 첫 내외 기자회견에서 진보와 보수를 뛰어 넘는 '실용주의적 외교'를 천명했습니다. 새 정부가 '자주과잉'과 '극우성향'을 지양하고 '균형 잡힌 외교'를 시도하는 데는 이의가 없을 줄로 압니다.

하지만 남북경협의 추진과 대북 지원정책은 추후의 민족통일을 전제로 하는 대세로, '실리'와 조건적 '상호주의'보다는 상호신뢰와 이해가 선행되어야 한다고 봅니다.

현재로서는 남북한이 주장하는 국제공조와 남북공조가 모두 중요한 시점이라고 생각합니다. 즉 북미 관계의 개선과 6자회담을 비롯한 국제적인 지원 및 기존의 대북 포용정책을 병행해야 하며, 개성공단을 포함한 남북경협은 지속적으로 추진되어야 한다고 생각합니다.

요즘 보수언론들을 벌써부터 한·미·일 동맹을 '강조'하면서, 중국·러시아 등 우방들을 자극하고 긴장관계를 조성하고 있습니다. 홍콩 문회보文匯報는 "민족주의 사상이 짙고 친미 및 실리주의가 강한 이

명박의 대통령 당선으로 추후 한국의 '친미원화親美遠華', 실리와 상호
주의를 바탕으로 한 대북정책의 변화가 예상된다"고 보도했습니다.

물론 한·미·일 동맹도 중요하지만, 현재 한국의 최대 무역국으로
경제와 정치외교에서 모두 깊은 관계를 갖고 있는 중국과 '북방경제'
에서 중요한 역할을 하게 될 러시아와의 관계도 매우 중요하다고 생
각합니다. 한반도 주변 4강 외교에서 한국의 탈이념적인 명지한 선택
이 소요된다고 봅니다.

21세기 한국의 2대 사명은 탄탄한 경제와 안정된 복지정책이 정착
된 선진국 진입과 반세기동안의 분단역사를 종말 짓고 민족통일 대업
을 이루는 것이라고 생각합니다.

침체된 경제를 부활시켜 사회양극화 해소와 분열된 민심을 통합시
키며, '화합 속의 변화'를 모색하는 가운데 지역갈등과 남북관계의 현
안들을 해결해나가야 할 것입니다. 희망컨대 李 당선자께서 슬럼프에
빠진 경제를 부활시키고, 남북통일의 초석을 다진 '성공한 대통령'으
로 청사에 길이 남기 바랍니다.

현재 한국은 외국인 100만 시대를 맞이한 다민족·다문화국가로
발전하고 있습니다. 외국인노동자에 대한 일상적 차별은 근절되어야
하며, '차별 없는 나라'로 거듭나야 할 것입니다. 해외동포 700만의
든든한 후원자로, 관용적인 고국으로 자리 잡기를 바랍니다.

요컨대 강대국 앞에서는 '당당한 자주국가'로, 해외동포에게는 '차별

없는 위대한 고국'으로, 주변부 국가들에게는 '민주주의와 시장경제
모델'로 존경받는 대한민국이 되어야 한다고 삼가 진언합니다.

* 이 글은 이명박 대통령이 취임하기 전 당선자 시절에 쓴 글로, 호칭을 '당선자'로 사
  용하였음을 양해 바랍니다.

2007 남북정상회담이 주는 역사적 의미와 시사점

2000년 남북정상회담이 남북관계와 민족화합의 새 기원을 열어놓았다면, 2007 남북정상회담은 한반도 냉전의 역사를 종결짓고 평화체제를 열어 가는데 중요한 이정표적 사건으로 기록될 것이다.

2000년 김대중 대통령이 북녘의 '하늘 길'을 열었다고 볼 때, 금번 노무현 대통령이 육로로 평양을 방문한 것은 그동안 군사분계선38선에 막혔던 '불신의 장벽'을 허문 중차대한 사건으로 자못 큰 역사적인 의미가 있다. 한편 2007 남북정상회담은 참여정부의 대북포용정책이 이끌어낸 성공적인 결과물이라는 것을 간과해서는 안 된다.

10월 4일 남북정상이 서명한 '남북관계 발전과 평화와 번영을 위한 선언'은 평화와 경제협력, 인도적 문제 등 여러 분야에서의 추후 진로와 구체적인 실천방안을 포함한다.

'10.4 공동선언'은 군사적 적대관계 종식과 종전선언을 위한 당사국회의 한반도 개최, 경제협력의 확대발전과 서해평화협력특별지대 설치, 경의선문산~개성 화물철도 개통과 안변·남포 조선협력단지와 백두산~서울 직항로 개설, 11월 중 남북총리회담 개최 등이 골자다. 베이징 6자회담이 이른바 한반도문제를 해결하기 위한 '국제공조'라면, 금번 남북정상회담은 민족 간에 이뤄진 '남북공조'라고 할 수 있을 것이다.

'10.4 공동선언'이 비교적 폭넓고 구체적인 협력내용을 담았다는 점에서, 남북평화체제 진전을 위한 중요한 계기가 되기에 충분하다. 특히 앞으로 남북정상이 수시로 만나 관계발전을 위한 현안들을 협의하기로 한 것은 주목할 만한 사항이며, 이번 회담이 경협확대 등 실무차원에 주력하고 협력과제들이 상당히 구체화되었다는 점도 의미가 매우 크다.

그리고 베이징 6자회담이 연내 북핵문제 해결과 이번 남북정상회담 합의가 동시에 이뤄진다면, 비핵화를 통한 한반도 평화체제의 구축과 경제공동체 진전의 선순환 구조를 기대할 수 있을 것이다.

주목되는 것은 남북경협문제로, 많은 프로젝트가 논의되었고 합의사항에 반영되었다. 경협활성화를 위해 '남북은 투자와 기반시설 확충과 자원개발을 적극 추진하며 협력사업에 대해 각종 우대조건과 특혜를 우선적으로 부여한다'는 공동선언의 내용이 고무적이다.

남북경협은 실질적으로 남북관계 개선과 평화체제 구축을 위한 정상회담의 성패를 결정짓는 사안으로, 상호신뢰 구축을 쌓는 가장 유효한 수단이다. 남북정상의 경협에 대한 추진의지는 긴장관계를 완화

 그래도 희망은 대한민국

하고 경제협력과 평화분위기를 조성해, 그동안 침체된 남북경협을 진일보 가속화시킬 수 있을 것이다.

현재 대북 투자와 진출에 필요한 환경과 여건이 완비되지 못했다는 평가와 실정이 남북경협의 딜레마라고 할 수 있다. 즉 대북 투자자본과 기술이 자유롭지 못하고 수익성이 보장되지 않는다면, 남한기업들의 대량적인 투자를 기대하기는 어렵다는 이야기다.

북한의 정책특혜 및 투자환경의 개선이 우선적으로 선행되어야 한다. 특히 남북경협이 투자협력과 쌍방향 협력으로 발전하는 남북경제공동체를 지향할 때, 자유로운 통행과 통신의 보장, 통관 등 '3통' 문제에 대한 북측의 조속한 해결과 경협확대를 위한 남측의 후속조치와 실행수단 마련이 급선무이다.

남북 간의 상호불신이 남북경협의 질적 비약에 걸림돌이 되고 있는 현실에서, 경협은 남북 간 상호신뢰와 평화정착을 바탕으로 지속·확대되어야 한다. 남북경협은 북한경제의 성장과 발전을 도움이 되고 민족화해와 공조를 이끌어내는데 중요한 역할을 할 것이며, 경협에 참가한 남한기업들에게도 새로운 수익원이 되어 윈-윈상호이익 효과를 거들 것이다.

현재 남한 내 보수적 세력들이 이런 긍정적인 측면과 경제적 효과들은 전혀 고려하지 않고, 당장 대북지원에 따른 정부 부담만 따지는 것은 '우물 안 개구리'의 좁은 시각이다.

금번 정상회담에서 또 하나 간과해서는 안 될 것은 평화와 경협을 아우른 '서해평화협력특별지대' 설치 추진이다. 북쪽 해주지역과 주변 해역을 포괄하는 이 지대는 공동어로수역과 평화수역, 경제특구 건설과 해주항 활용, 한강하구 공동이용 등이 포함한다. '특별지대' 설치는 평화와 공동번영이 선순환 구조를 이루는 모델이며, 서해북방한계선 NLL 문제를 해결에도 큰 도움이 될 것이다.

그리고 한반도와 관련된 3~4자 정상회담을 통해 종전선언 문제추진 및 남북이 평화체제 논의를 주도하겠다는 의지를 밝힌 점에서 큰 의미를 갖는다.

금번 정상회담에서 많이 언급된 중요한 단어가 '역지사지易地思之'로, 이는 상대방의 입장에서 문제를 고려하고 상대를 협력 및 동반자로 인정하고 상호신뢰를 바탕으로 문제를 해결해야 한다는 뜻으로 풀이된다. 지금까지 남북 간에 많은 합의가 있었지만 상호불신 때문에 효과가 오래가지 못했으며, 불신은 바로 역지사지의 이해와 배려의 부족에서 비롯된다. 이러한 역지사지의 차원에서 향후 남북은 부동한 체제와 이데올로기의 차이를 상호 인정하고 우선적으로 남북경협을 비롯한 남북경제공동체 발전에 초점을 맞춰가는 것이 바람직하다.

21세기 탈냉전시기에 진입했음에도 불구하고 한반도는 지구상의 유일한 분단국가이며, '냉전의 섬'으로 남아 있다. 자민족과 자국의 이익을 첫자리에 놓는 주변 강대국들은 자신의 뜻대로 국제질서의 재편이 이뤄지지 않는다면, 분단과 냉전의 현상유지를 바랄 수도 있다. 이런 상황에서 남북평화와 번영을 이루려면 기존의 진부한 사고방식과 그릇된 관행에서 과감하게 벗어날 필요가 있다.

현재 남북한 내에 군림한 보수 세력들의 이데올로기적 집착으로 인한 상호불신과 단견短見적인 시각은 궁극적으로 냉전시대의 회귀로 이어지는 비극적인 결과를 초래할 뿐이다.

중요한 것은 이들 합의사항이 어떻게 실행력을 얻고, 어떤 수단과 과정을 통해 구체적인 실천과 행동으로 이어지도록 하는가 하는 것이 관건적인 문제이다. 남북정상회담이 기대 이상의 성과를 거뒀다고 해서 앞으로 남북관계가 반드시 순조로울 것이라고 장담할 수는 없다. 더욱 중요한 점은 남과 북의 상호신뢰와 성실한 실천이 선행되어야 한다는 것이다.

현재 대북투자가 절실한 북한으로서는 인위적인 규제와 투자환경의 걸림돌을 제거하는데 주력해야 할 것이며, 남한정부는 지속적인 대북정책을 추진해야 할 것이다. 그것이 대승적인 차원에서 남과 북이 서로가 득이 되고 이익을 얻을 수 있는 '윈-윈 전략'이다.

그리고 40~50년간 냉전체제하에 남남으로 살아왔던 남북 간에 정상회담 한두 번으로, 그동안의 모든 문제가 해결되기를 바라는 것은 극도의 단견이 아닐 수 없다. 따라서 한반도 평화와 민족통일을 전제로 한 '높이 서서 멀리 내다보는' 장원지계가 더욱 필요하다.

노 대통령과 김 위원장이
상호교환한 선물의 의미와 시사점

선물은 주는 사람의 진솔한 성의와 소박한 마음을 담은 간소한 물품으로 받는 사람이 부담 없는, 상호 우의와 정감을 증진시키는 매개물로 보통 물건의 좋고 나쁨에 비중을 두지 않는다. 만약 선물의 내용이 너무 귀중하고 화려하여 받는 이가 부담을 느낀다면 뇌물로 변질될 수도 있다. 이 또한 선물과 차이이다.

국가정상들 사이에도 선물을 주고받는 것은 흔한 일로, 대개 그 나라의 과학기술을 대표할 수 있는 신제품이나 문화상품 및 특산품들이 선물로 선정된다. 물론 받는 이의 정서도 고려되지만, 주는 이의 행위 목적에 보다 큰 의미가 부여된다고 할 수 있다.

이번 남북정상회담에도 두 정상이 관례대로 선물을 주고받았다. 그 선물의 내용과 내포된 의미, 관련 에피소드 및 파급효과를 살펴보면, 단순 선물의 의미를 넘어서 시사하는 바가 적지 않기에 무척 흥미롭다. 아래에 2007 정상회담에서 남북정상 사이에 오고간 선물리스트를 살펴보고, 그것이 주는 의미와 시사점을 나름대로 분석해본다.

금번 정상회담에서 노무현 대통령이 김정일 국방위원장에게 전달한 선물은 경상남도 통영의 나전칠기로 만든 12장생도長生圖 8폭 병풍과 무궁화 문양의 다기茶器와 접시, 제주도와 8도 명품 차茶, DVD 세트와 드라마·다큐멘터리·영화 CD 150여 편 등 모두 네 종류로 밝혀졌다. 그 외, 노 대통령은 남북경협의 상징물로 개성공단에서 생산된 로만손 손목시계를 김 위원장과 북측 인사들에게 선물한 것으로 알려졌다.

DVD에는 최근 중국과 일본 등지에서 한류 열풍을 일으킨 '대장금'과 '겨울연가', 세계영화제에서 수상한 '올드보이' 등 한류 문화콘텐츠가 포함되었다. 특히 한류를 대표하는 연예인 이영애 씨가 출연한 드라마 '대장금'과 영화 '친절한 금자씨' DVD는 김 위원장이 이영애의 '열렬한 팬'이어서 특별히 준비되었다는 후문이며, '대장금' DVD에는 이영애 씨가 직접 사인까지 했다고 한다.

청와대측은 '이들 작품은 수준이 높고 대중성을 인정받은 한류 열풍의 핵심 콘텐츠들'로 향후 남북 간 문화예술의 활발한 교류를 지향한다는 취지를 밝혔지만, 한마디로 북측에 대한 한류의 선전 및 홍보용으로 볼 수 있다.

남쪽의 장인匠人이 나전칠기로 만든 12장생도는 한국이 자랑하는 병풍 작품이며, 무궁화 문양의 다기는 노 대통령이 평소 외국정상들이 청와대를 방문할 때거나 해외방문에서 외국 정상들에게 선물로 주는 세트이다. 한류 내용을 담은 DVD는 화질이 좋은 첨단제품으로 해외에 수출하는 인기제품이며, 제주도와 8도道 명차는 강원도·경기도·경상남북도·전라남북도·충청남북도의 한국산 명차들로 이른바 신토불이身土不二 웰빙 상품이다.

이렇게 간단하게 보일지 모르는 선물에는 한국의 기술과 문화를 북측에 홍보하고 자랑하려는 의도와 일국의 국가원수에 대한 남측의 예의를 갖춘 것으로도 해석할 수 있다.

남측의 노 대통령의 선물이 다양하고 화려한데 비해 북측의 金 위원장이 준비한 선물은 북한 최고의 특산물인 칠보산 송이버섯이며, 간소하고 실용적이라는 것이 특징이다. 또한 남측의 선물이 한류 및 신토불이 상품과 웰빙 제품이 주류를 이룬다면 북측의 선물은 의식주의 근간이 되는 식용품으로, 농산품 수출 홍보용이라는 것도 눈여겨 볼만 하다. 따라서 '간단한' 선물에서 오늘날 남과 북의 사회발전의 차이와 색다른 문화 현상을 엿볼 수 있다.

북한의 대표적인 특산물로, '함경북도의 금강'으로 불리는 칠보산 송이버섯은 한국뿐 아니라 일본에도 수출되고 있는 명품으로 최고의 품질과 맛을 자랑한다. 칠보산 일대는 전형적인 고랭지 기후를 갖추었고 일교차도 크기에 질 좋은 송이가 많이 나오는 것으로 유명하다. 금번 북측이 선물한 송이버섯은 총 500상자로 약 4톤 분량이며, 금액으로 환산하면 8억 원 정도이어서 김 위원장의 '통이 큰' 호방한 성품이 그대로 반영되었다는 남측의 평가이다.

김 위원장은 지난 2000년 6월 남북정상회담에서 김대중 대통령에게 한 약속이행으로, 그해 9월에 추석선물로서 한국정부에 북한산 송이버섯 3톤을 보낸 적 있다. 당시 정부는 전직 대통령과 북측 지정자 267명 중 240명에게 10kg짜리 1상자를, 다른 인사들에겐 1.25kg씩 나눠서 전달하였다. 이 때문에 당시 정치권에서는 '金 위원장 송이'를 받지 못한 사람은 실세가 아니라는 우스갯소리도 떠돌았는데, 이는 현유의 남북관계 특수성과 이질적인 정치풍토를 실감할 수 있는 대목이기도 하다.

장기간 대일對日 수출상품이었던 북한산 송이는 특유의 맛과 향기로 일본소비자들의 사랑을 받아왔지만, 최근 일본정부가 북한의 핵실험 및 납북자 문제를 빌미로 '대북 제재'를 실행하고 있기에 대일 수출길이 잠시 막혀 있는 상황이다. 2001년부터 한국에 수입되었던 북한산 송이는 연간 10~20톤 수준에서 현재의 223톤에 이르는 물량으로 늘어났다. 현재 품질이 좋고 가격이 저렴한 칠보산 송이는 한국 내 백화점 및 대형 유통매장에서 판매되고 있고 소비자들의 환영을 받고 있다.

금번 남북정상회담의 혜택항구신설, 철도와 육로 개통을 입어 운송비용이 대폭 절감되면서, 향후 많은 물량의 북한산 송이버섯이 남측에 수입될 전망이다. 따라서 현재 대남 수출에서 바야흐로 '효자' 노릇을 하고 있는 칠보산 송이버섯이 김 위원장의 '선물'로 선정되어, 노 대통령에게 전해진 것은 당연지사로 볼 수 있다.

한편 김 위원장이 선물한 북한산 송이버섯 4000kg을 청와대는 전직 대통령들을 포함해 여야與野 국회위원, 헌법기관장, 국무위원 등 지명인사들과 소외계층, 이산가족과 실향민 및 동행했던 특별수행원 약 3800명에게 나눠줄 방침이다. 북측으로서는 돈 안들이고 남측의 '유명' 인사와 미래의 소비자들에게 홍보를 할 수 있는 기회를 얻게 되었고, 명분과 실리에서 모두 득得이 되는 '꿩 먹고 알 먹기' 일거양득의 효과를 본 것이다.

반면 북한산 송이를 선물 받은 남측 인사들의 반응은 각이하다. 모 여당 국회의원은 받은 송이버섯을 '단순한 송이버섯이 아닌 평화통일의 염원이 담긴 고귀한 선물'이라고 하면서 복지시설에 기증해 훈훈한 감동을 전했고, 칠보산 송이버섯을 선물로 받은 실향민들은 '북녘 고향땅의 흙냄새라도 맡을 수 있게 해준' 정부에게 고마움의 인사를 전하기도 했다. 하지만 대북정책에 대해 일관적으로 비판해오던 모 야당 의원은 청와대에서 보내온 송이버섯 선물을 '굶주림을 당하고 있는 북한 주민의 고혈'이라고 하면서 거부 이유를 밝혔다.

흥미로운 것은 TV 토론에 나왔던 '대선주자 1위'인 이명박 후보에게도 정부가 선물로 받은 '북한 송이'를 주면 먹겠냐고 질문하는 해프닝이 벌어졌다는 점이다. 이때의 북한 송이는 단순한 선물이 아닌 '대북

정책'을 의미하는 것으로, 정치적인 뉘앙스가 담겨져 있다.

요컨대 국가 간 정상들 사이에서 오고가는 선물은 상대에 대한 예의를 갖추고 자국의 경제문화를 홍보하고 전파하는데 큰 비중을 둔다고 볼 수 있겠지만, 여기에 임의로 정치적인 이념을 가미한다면 어불성설이다.

따라서 '북한 송이'는 남북경협의 상징물로 되어야 하며, 정치적 이슈로 변질되는 것은 결코 바람직하지 못하다. 왜냐면 선물은 선물일 뿐이기 때문이다.

북한 핵실험은 '양면의 칼'이다

2006년 10월 한반도는 전면적인 북핵 위기의 한가운데 놓여있었다. 북한은 주변국가와 국제사회의 경고를 무시하고 일방적으로 핵실험을 강행했고, 평화의 한반도를 '핵 위기'로 인한 전쟁의 격랑 속에 몰아넣었다.

이는 가뜩이나 불안한 한반도와 동북아정세를 더욱 긴장하게 만들 것이며, 그 파장은 일파만파로 경색된 북미관계 및 담보상태에 있는 남북경제협력에도 '대형 악재'로 작용할 것은 말할 것도 없다. 아울러 핵실험이 주는 충격은 한반도의 경제발전과 동북아 국제정세 및 외교 분쟁과 핵무장 확산 등으로 전면적이며, 그 파급력 또한 엄청날 것이다.

현재 북한은 세계 5대 핵보유국과 인도·파키스탄·이스라엘에 이어 아홉 번째로 '핵보유국가'로 되었다. 북한의 핵실험 발표는 대미對美 강경자세를 선언함과 동시에 선군정치와 강성대국에 대한 집념 및 내부의 확고한 결속을 의미하기도 하지만, 미국을 비롯한 유엔 안보리 등 국제사회의 제재와 고립을 모면할 수 없게 되었다.

특히 그간 야당과 보수파의 강경한 반대를 무릅쓰고 일관적인 대북지원과 포용정책을 견지해온 한국정부에게는 큰 타격이 되었고, 이는 향후 남북경협에 커다란 걸림돌로 작용할 것은 분명하다. 10월 9일 노무현 대통령이 특별 기자회견에서 파격적으로 대북지원의 재검토를 제기했고, 더 이상 포용정책의 효용성을 주장하기 어렵다고 말한 것이 그 징표다.

북한의 핵실험은 일본·한국·대만 등 동북아뿐만 아니라, 전 세계적인 핵核확산의 도미노 파급력을 몰아올 것으로 전문가들은 분석하고 있다. 특히 그간 우라늄 농축중단을 거부해온 이란이 국제사회가 북한 핵개발에 대한 조처를 예의주시할 것으로 전망된다. 만약 국제사회가 북한 핵실험에 대해 제재를 가하지 않는다면, 이는 역설적으로 이란 핵개발을 독려하는 결과가 초래될 것이다. 국제사회의 대북 제재가 불가피한 이유이기도 하다.

북핵문제는 한반도와 동북아를 넘어서 전 세계적인 현안 및 초미의 관심사로 부상하고 있다. 간과해서는 안 되는 것은 이번 '자주·방어용' 북한 핵개발은 미국의 대북 강경정책이 자초한 것이며, '합법'적인 핵보유국들이 '비법'적으로 핵을 개발하는 국가들에 대한 평준적인 잣대가 아니었다는 점도 결코 무시해서는 안 될 것이다.

최근 북한 노동신문은 "총대가 약하면 반제 군사전선을 고수할 수 없는 것은 물론, 자주권을 포기하게 되고 제국주의자들 앞에 굴종하게 된다"고 강력하게 주장했는데, 이는 강대국의 침략에 순식간에 무너진 이라크를 거울로 삼아, 핵무기로 체제안정을 보장하고 나라를 지키겠다는 뜻으로도 풀이되고 있다.

그러나 핵실험은 극약처방으로 '양날의 칼'이 될 것이다. 전문가들은 국제사회의 제재에 따라 현재 극심한 식량난과 에너지 부족을 겪고 있는 북한경제가 더욱 어려워질 것으로 전망하고 있다. 이번 핵실험 강행으로 전통적인 우방인 중국과 한겨레 동포인 한국의 신임과 지지를 잃는다면 그 것은 매우 큰 손실이며, 또한 '고립적인 자주'는 오늘날 국제화시대에서 통하지 않는다는 것은 명약관화다.

북한 핵실험으로 인해 남북관계는 2000년 남북정상회담 이래 최악의 상황으로 빠져 들 것이다. 1992년 남북기본합의서는 1993년 북핵 위기로 좌초되었고 북핵 위기가 불거져 나올 적마다 남북관계는 크게 흔들렸으며, 이는 남북관계가 경색되는 빌미로 작용되었다.

북한의 핵실험으로 6.15 공동선언 이후 발전된 남북관계가 또다시 그 전철을 밟아 답보상태나 퇴보할 것으로 전망된다. 대북지원에 그처럼 강경하던 노무현 대통령도 대북 포용정책의 현실적 한계를 '인정'했다. 하지만 남북관계를 전면적으로 재검토하고 대북지원을 중단해야 한다는 주장은 시기상조라고 본다.

물론 북한이 일방적으로 핵실험을 한 이상 남북관계에 크게 차질이 올 것은 분명하지만 남북관계를 급격히 위축시키고 부정한다면, 국제사회를 도외시하고 무조건적으로 이른바 '민족공조'에 치우치는 것과 같이 비현실적이다. 끊기는 쉽지만 다시 구축하려면 많은 노력을 기울여야 하는 것이 오늘날의 남북관계의 현실이기 때문이다.

북한은 핵실험을 통해 '핵보유국'임을 인정받고, 미국과의 협상에서 좀 더 나은 위치에 설 수 있다고 판단했을 것이라는 전문가 지적이다. 이번 북한 핵실험은 내부 결속이 주요 목적이고 방어용·자위용으로 '핵무기를 보유한다'고 주장하지만, 주변국들은 이를 위협으로 인식할 것이고 일부 국가들에게 핵무기 개발의 빌미로도 이용될 수 있다.

한편 한반도 비핵화 선언이 무너지면서 중장기적으로는 동북아 지역에서 핵개발을 포함한 군비강화 경쟁을 불러올 수 있다. 세계가 걱정하는 것은 핵확산금지조약NPT 체제의 약화 또는 붕괴이다. 핵을 포함한 대량살상 무기의 확산은 21세기 지구촌 안보의 최대의 위협요인이라는 것은 자명하다.

가장 중요한 것은 전쟁을 방지하기 위한 적극적인 외교노력이다. 핵실험 이후 대북제재 강화는 피할 수 없는 국면이 되었지만, 북한에게 퇴로를 열어주지 않고 압박만 하는 것은 위험천만하다. 중재자의 역할을 하고 있는 한국은 한반도 문제의 당사자로서 대북 군사제재에 대해 확고하게 반대의 입장을 견지하는 한편, 6자회담을 비롯하여 한반도 비핵화를 위한 '국제협상의 장'을 확보하려는 노력을 지속해야 할 것이다.

궁극적으로 북핵 위기는 외교적·평화적인 방법으로 풀 수밖에 없다. 북핵이 사태를 악화시켰지만 북한 역시 다른 나라와의 무력대결을 바라고 있지 않음은 분명하다. 현재로선 북한이 국제사회의 여론과 반대를 무시하고 핵실험을 강행한 주요목적이 미국의 대북 적대정책과 금융제재 해제를 촉구하기 위한 것이라는 분석이 지배적이다.

일부에서는 북한의 핵실험 강행은 중국이 주최하는 6자회담 및 중국 외교의 실패이고, 한국정부의 대북 포용정책의 실패라고 주장한다. 하지만 필자가 보기에는 이는 미국의 대북 적대정책의 실패이며, 강대국의 외교 강경책이 자초한 결과이다. 고립과 제재는 반항과 대결을 낳고, 대결과 갈등은 전쟁과 공동패망을 부른다는 것을 명심해야 한다.

대안적인 수단은 대화와 협상뿐이다. 미국은 압박적인 대북정책에 대해 전면적으로 검토·개선하고, 북한도 한반도 평화를 위협하는 핵개발 강행을 중지해야 한다. 인류의 생존을 위협하는 핵무기로, 체제의 생존을 보장받으려는 것은 무모한 발상이며 어불성설이다.

일방적인 핵실험 강행이 자칫 한반도에 또 다른 핵전쟁을 불러올 수 있다. 한반도가 불바다가 되는 것은 7000만 동포가 모두 원하지 않으며, 나아가 한국이 '핵전쟁의 볼모'로 되어서는 더욱 안 된다. 핵실험은 '양면의 칼'로 이른바 '자위용'이 될 수도 있지만, 자신에게도 큰 상처를 입힐 수 있다는 점에도 유념할 필요가 있다.

북한 개혁개방의 딜레마 및 발전방향

개방과 개혁이 북한 경제위기의 해결책으로 회자된지는 오래되었다. 북한은 최근 20년간 개방과 개혁을 향한 진퇴를 거듭하면서 주목할 만한 성과를 올리지 못하고 있으며, 여전히 경제위기에서 벗어나지 못하고 있는 상황이다.

현재 개방개혁의 필요성을 인식하면서도 체제유지와 내부사정으로, 본격적인 개방개혁을 진행할 수 없는 상황이 바로 북한이 직면해 있는 가장 큰 딜레마이다.

이는 바로 남한이라는 협력 및 경쟁 상대가 엄연히 존재하는 분단된 현실에서 비롯한 것으로 볼 수 있다. 개방개혁은 필수적이지만 완전하고 철저한 개혁개방은 체제의 위기로 이어져 남한의 '흡수통일'로 연결될 수 있고, 반면 개방개혁을 외면하면 경제의 파국으로 이어져 경제조건이 우월한 남한에게 '흡수통일' 될 우려가 있다는 것이다.

결국 북한은 본격적인 개방개혁보다는 부분적이고 제한적인 '개선조치'밖에는 추진할 수가 없는 딜레마를 갖고 있고, 이는 당연히 성공할 수 없다는 말이 된다. 최근 북한에서 계획경제의 부작용으로 나타나고 있는 암시장의 활약과 곳곳에서 대두하고 있는 시장경제움직임은 시장과 계획이 공존하고 있는 북한사회의 현실을 잘 반영해주고 있다.

북한이 경제상의 위기를 스스로 해결할 능력이 제한되어 있기 때문에, 결국 제한적 개혁조치와 조건적 개방으로 심각한 경제난을 해결하기 위한 경제정책 방향을 결정한 것이다. 통일 및 경협 파트너인 남한은 북한으로 하여금 자신감을 가지고 개혁개방을 추진하여 경제위기에서 해탈될 수 있도록 지속적 대북 포용정책과 남북경협을 추진해야 한다.

흔히 사회주의국가에서 개방개혁의 정책이 성공한 사례를 중국이나 베트남을 꼽지만, 현재 남북 분단으로 초래된 분단국가 북한의 경우는 사정이 좀 다르다. 개혁개방에 성공한 중국이나 베트남의 경우는 흡수통일 당할 상대가 없었고, 중국의 경우 경제적으로 발전한 대만이 있지만 국토의 크기나 경제규모 및 인구 상황으로 볼 때 대만에 흡수당할 우려는 없다. 그리고 베트남은 일찍 분단 상황을 해결한 통일국가였다.

중국·베트남이 개방개혁의 필요성이 대두되었을 때, 사회주의 체제를 유지하면서 경제개혁을 본격적으로 진행할 수 있는 여건이 마련되었다고 볼 수 있다. 물론 중국·베트남도 개혁개방 정책 추진 당시

 그래도 희망은 대한민국

보수·저항세력이 존재하였지만, 북한과 같은 특유의 딜레마는 없었다. 한마디로 분단된 현실이 남북경협의 가장 큰 딜레마이자 통일의 당위성이다.

개혁은 기존의 정치·경제체제를 새로운 체제로 바꾸는 것을 의미하며, 체제 자체의 변혁을 위한 정치개혁과 경제회생 및 발전을 위한 경제개혁이 포함된다.

현재 북한으로 하여금 현재의 사회주의 체제를 포기하고 한국식 자본주의 시스템으로 변화하게 한다는 것은 일단 부정적일 수밖에 없다. 최소한 시장경제 시스템을 도입해 급속한 경제발전을 이룩한 중국식 경제발전 시스템을 수용할 수 있을지 대해서도 의문이 크다.

현재로선 북핵 위기의 평화적 해결과 미국 등 국제사회와의 관계개선이 급선무다. 그것은 미국이 주도하는 국제사회의 대북제재와 고립정책이 철폐되지 않는 한, 남한과 중국 등 우방들의 협력과 지원만으로 북한이 직면한 여러 가지 위기들을 해소하기에는 역부족이기 때문이다.

북한이 추진한 경제개선 조치들을 감안할 때, 계획경제 시스템을 고수하려는 북한의 의도와 상관없이 경제회복을 위한 개혁조치가 결국 시장경제의 용인이나 허용을 배제하고는 성공이 불가능한 구조를 갖고 있다. 따라서 체제유지와 경제발전을 동일시하는 북한 상황이지만, 궁극적으로 시장경제 지향의 경제발전으로 귀결될 것이라는 전망이 지배적이다.

그러나 현재의 계획경제 시스템에서 시장경제 시스템으로 전환되지 않는 한, 철저한 개혁개방이 이뤄지기 어려운 객관적 딜레마가 엄연히 존재하는 것이 북한사회의 현실이다.

추후 북한이 추구하는 개혁은 '밑으로부터의 변혁'보다는 중국과 같이 '위로부터의 개혁과 변화'로 나타날 것으로 경제학자들은 전망하고 있다. 중국의 개혁개방의 총설계자인 덩샤오핑鄧小平이 경제발전의 명분으로 기존의 사회주의 계획경제 시스템에서 벗어나 개혁개방을 통해 시장경제를 도입한 것처럼, 북한도 경제회복의 명분으로 주체사상과 선군정치를 새로운 개혁정책에 적응시킬 가능성도 물론 배제할 수 없다.

최근 북한정부가 이른바 '통미봉남通美封南'을 주장하면서, 미국과는 대화를 진행하면서도 대남관계에서는 강경책을 강행하는 것은 결코 바람직하지 못하다. 이는 궁극적으로 북한의 개혁개방에 더욱 큰 딜레마와 악재를 조성하게 될 것이며, 그동안 답보상태로 불안했던 남북경협을 퇴보시키고 남북관계 진일보의 악화를 초래할 것이다.

한편 이명박 정부도 '실용만 있고 포용이 없는' 대북정책을 재고할 필요가 있다. 대북지원과 남북경제교류의 지속적인 확대와 발전만이 결국 북한의 개혁개방을 이끌어낼 것이며, 현재 답보상태의 남북경협을 양적·질적으로 발전시킬 수 있을 것이다.

따라서 21세기 민족통일의 역사적 사명을 안고 있는 한민족이자 한 겨레인 남북한으로서는 20세기 냉전의 분단·이념·갈등의 국면에서 벗어나 평화·화합·통일의 길로 일로매진하는 것만이, 현재의 반목 질시에서 벗어나고 민족화합을 이루는 '상생의 길'이 될 것이다.

요컨대 현재 분단된 한반도가 통일을 전제로 한 남북경협의 지속적 추진이 대세라면, 향후 북한이 시장경제 도입 및 효과적이고 전면적인 개혁개방 추진은 필연적인 추세이자 결과라고 봐야 할 것이다. 물론 북한 핵문제에 대한 평화적 해결과 국제사회와의 관계 개선 및 현재 경색된 남북관계를 정상궤도에 되돌리는 경우를 전제로 해야 함은 자명하다.

북한으로서는 북핵 문제를 평화적으로 해결하고 국제사회와의 관계개선을 도모하는 한편, 제한적이고 소극적인 '경제개선조치'만이 아닌, 전면적이고 효과적인 개혁정책과 대외개방을 추진하는 것이 명지한 선택이 될 것이다. 그것이 현재 북한이 어려운 경제상황에서 벗어나는 유일한 출로라고 할 수 있다.

중국·베트남의 개혁개방 성공이 북한에 주는 시사점

현재 북한이 당면한 경제위기는 개혁개방 이외에는 별다른 해결 방법이 없다는 것이며, 따라서 북한의 대외개방과 경제체제 개혁은 필연적인 과제라고 할 수 있다.

사회주의 국가들 중 가장 성공적인 경제체제 전환을 한 나라로, 중국과 베트남을 꼽을 수 있을 것이다. 향후 북한이 경제개혁과 체제전환을 진행한다면, 가급적 중국과 베트남의 개혁개방의 발전모델과 방식을 벤치마킹 할 필요가 있다. 북한정부로서는 경제체제 개혁을 통하여 현재의 경제위기를 해결하는 것이 가장 중요한 현실적인 과제가 될 것이다.

북한의 경제개혁과 체제 전환의 모델은 중국식 모델을 접목한 북한 특색의 정경政經 분리의 시장경제 모델을 추진하는 것이 바람직하다. 따라서 '시장의 출현'을 중시하면서 계획경제에 대한 국가 주도적인 경제개혁과 대외개방 추진이 보다 현실적이고 합리적이다.

한편 중국·베트남이 미국과의 경색된 적대관계 개선을 통해, 자국의 개혁개방을 성공적으로 추진할 수 있는 여건을 마련한 것도 북한에게는 참고적 가치가 크다고 할 수 있다.

중국은 개혁개방 추진 이전인 1972년 미국과의 수교를 건립하고 미국과의 수교를 계기로 서방국가들과의 관계 개선을 적극 추진했으며, 나아가 서방국가들의 중국의 막대한 내수시장을 겨냥한 진출과 대중투자에 활로를 열어놓았다. 개혁개방 초기 1980년대에 중국에 유입된 외자 가운데 60% 이상이 미국 및 서방선진국으로부터의 차관이었고, 중국은 이 자금을 사회간접자본을 확충하는데 집중 투자하였다.

향후 북한의 개혁개방 전망은 여러 가지 변수에 의해서 결정될 것이다. 사회주의 국가인 중국·베트남의 개혁개방의 발전모델과 경험 교훈은 '폐쇄적 자주'에서 벗어나 개혁개방을 더 이상 미룰 수 없는 북한에게는 중요한 역할과 함께 좋은 귀감으로 될 수 있다.

북한의 가장 중요한 당면과제는 체제유지로, 전면적인 개혁개방은 체제불안의 한 요인이 될 수 있기에 북한으로서는 신중을 기할 것은 자명하다. 따라서 사회주의체제를 유지하면서 성공적인 개혁개방을 추진한 중국과 베트남은 북한에게 있어서는 매력적일 수밖에 없다.

한편 베트남은 강력한 중앙통제 시스템 하에 개혁개방을 추진한 시스템이라는 것이 우선적으로 구별된다. 베트남은 미국과의 전쟁에서 승리한 후 통일을 쟁취한 신생국가로, 체제 유지에 대한 자신감이 확보된 상황에서 국가지도부가 본격적으로 개혁개방을 추진했다.

그러나 북한은 현재 심각한 식량난과 생활필수품 부족 및 심각한 상태의 경제난에 봉착해 있어, 체제위협에 대한 불안감이 가시지 않고 있다. 북한의 개혁개방은 이러한 심각한 식량난과 경제난 해결을 위한 자국의 수요와 더불어 국제사회의 대북지원과 투자유치를 할 수 있는 계기로 작용할 것이다. 따라서 베트남의 성공적인 개혁정책의 추진, 즉 사회주의 체제를 유지하면서도 경제체제 전환은 북한에게 매력적인 발전모델이 될 수밖에 없다.

얼마 전 진행된 제10차 전당대회에서 베트남의 새 지도부는 '늦어도 2010년까지 중진국으로 도약하자'는 슬로건을 내걸어 국제사회의 주목을 받고 있다. 베트남의 열기가 폭발하는 근본 원천은 20년 전인 1986년에 도입된 '도이모이Doi Moi' 정책이다. '베트남 제2의 건국'이라고 불리는 '도이모이' 과실은 곳곳에서 입증되고 있다.

베트남은 1990년대 중반부터 태국에 이어 세계 제2위의 쌀 수출대국으로 성장했고, 경제성장의 '실탄'격인 외국인 직접투자FDI는 1988년 3억 7000만 달러에서 2005년에는 457억 7000만 달러로 폭증했다.

간과할 수 없는 것은 베트남전쟁에서 400만 명이 넘는 인명 피해를 낸 '적국敵國' 미국과의 관계 개선이다. 대미 적대관계 개선은 베트남의 본격적인 개혁개방 추진에 저애요인이 되는 걸림돌을 제거했고, 국제적인 환경과 대외여건을 마련한 것으로 볼 수 있다.

1990년 이후 베트남 외자유입이 본격화되었고 미국이 IMF의 베트남에 대한 자금융자 재개를 허용하면서, 베트남의 외자유입이 증가되기 시작하였다. 2005년 6월 베트남 최고위직으로는 처음으로 판 카이 총리가 워싱턴을 방문하여 베트남의 WTO 가입을 위한 미국의 지지를 호소하였다. WTO 가입 실현은 제2·제3의 '베트남 특수'를 기대하는 주요인이다.

세계무역기구wto 가입 추진과 더불어 APEC 정상회담 개최 등을 목표로 실리 확보에 전념하는 베트남의 역동적인 변신은 향후 북한정부가 개혁개방을 통해 경제발전을 도모하는 과정에서, 개혁개방의 발전모델로 벤치마킹할 수 있는 훌륭한 교본이 될 수 있다.

북한정부는 중국이 경제특구와 홍콩특구에 대한 개혁개방과정에서 보여준 성공적인 사례를, 신의주 등 경제특구의 대외개방과 개성공단 및 금강산지구에 대한 남한의 투자를 적극 유치해 남북한 윈-윈 게임의 본보기로 활용할 수 있을 것이다.

중국은 개방초기 홍콩에 인접한 선전深圳 등 경제특구를 먼저 개방하여 화교와 홍콩 자본의 유입을 도모하였고, 개혁개방 초기 대중국 직접투자 중 홍콩 투자가 차지하는 비중은 57.4%로 중국 경제개발에 중추역할을 담당하였다. 북한으로서는 개성공단의 지속적인 활성화와 대외개방의 전초지 신의주 경제특구의 성공적인 재개발이 매우 중요하다.

요컨대 전면적인 대외개방과 효과적인 개혁정책만이 외자유입에 따른 경제발전과 국력강성을 달성할 수 있다 것을 중국과 베트남이 보여주고 있다. 즉 개방 없는 개혁이란 한계가 있으며, 개혁과 개방이 유기적으로 잘 결합되어야만 소기의 목적을 이룰 수 있다.

중국·베트남의 개혁개방 성공이 시사하는 바와 같이 북한도 현재의 경제위기를 비롯한 각종 위기에서 벗어나려면, 계획경제의 시스템에서 탈피해 시장경제 시스템을 도입하고 정경 분리의 경제개혁과 대외개방을 진행해야 한다. 아울러 미국 등 국제관계의 개선을 통해 금융제재에서 벗어나야 하며, 한국과 중국 등 우방과의 관계를 돈독하게 하면서 국제사회의 경제지원과 대북투자를 이끌어내야 할 것이다.

현재 각종 어려움에 직면한 북한의 당면과제는 경제적인 체제전환과 시장경제 도입을 통한 개혁개방 추진의 선행이다. 개혁만이 '부유의 길'로 나아갈 수 있다는 것을 사회주의국가 중국과 베트남이 이미 증명하였다. 북한지도부의 현명한 선택이 중요한 시점이다.

'양두구육'의 MB 정부 대북 정책

최근 한국 지상파 TV의 한 심야토론에서 야당대표로 출석한 민주당 의원은 남북관계 경색의 원인을 추궁하면서, 상호신뢰와 소통이 부재한 MB정부의 대북정책을 정책 일관성이 없고 오로지 이념수단으로 이용한 '양두구육羊頭狗肉, 양머리를 내걸고 개고기를 파는 안팎이 다른 속임수·기만술' 정책이라고 강하게 비판한 바 있다. 이에 대한 여당대표의 변명은 어눌했고 궁색하기만 했다. MB정부의 출범과 함께 추진된 대북 정책, "비핵·개방·3000"의 비현실성과 정책 실패는 최근 남북관계의 경색으로 더욱 가시화되고 있다.

이명박 대통령은 2007년 대선출마 선언 이후 당내 경선과 본선을 거치면서 MB정부 대북 정책의 윤곽을 밝혀왔다. 2007년 2월 "한국 외교안보의 창조적 재건을 위한 7대 과제와 원칙"이라는 일명 'MB독트린' 발표했고, 6월에는 "비핵·개방·3000 구상", 9월에는 "신 한반도 구상"을 내놓았다. 그중 "비핵·개방·3000"이 가장 대표적인 MB정부의 대북 정책으로 지적된다. 한마디로 '선先비핵화, 후後경제협력'

이 대북 정책의 요지이며, 이는 참여정부의 대북 포용정책과 MB정부의 대북 '실용'정책의 가장 큰 구별점이기도 하다.

MB정부가 추진한 "비핵·개방·3000"의 대북 정책은 '북핵 폐기와 한반도 비핵화, 전략적 북한 개방정책 추진과 상호주의 원칙 준수, 북핵 해결과정에서의 국제공조 강화, 남북관계의 정략적 접근 배제' 등을 기본철학으로 한다. 즉 '실용'정책은 북한이 핵 폐기와 대외개방을 진행한다면, 대북지원이 본격화 될 수 있는 국제환경이 조성되어 "300만 불 이상 수출기업 100개 육성, 30만 산업인력 양성, 400억불 상당 국제 협력자금 조성, 신경의고속도로 건설, 인간다운 삶을 위한 복지"의 5대 프로젝트의 대북지원을 추진한다는 것이다.

MB정부 대북 정책의 요점은 북한 핵의 완전폐기와 체제변화를 전제로 하는 개혁개방이다. 그동안 MB정부가 "북한을 개혁개방으로 유도하는 대북 정책은 일부 우파진영이 주장하는 북한 체제 붕괴를 목표로 한 정책과 다르며, 탈냉전 이후 한국정부의 대북 포용정책의 범주 안에 있다"고 주장해왔지만, 그 핵심은 국제공조에 의한 남북문제 해결, 민족끼리의 민족공조를 전면 부정하는 것이다. MB정부의 대북 정책은 민족통일과 평화를 전제로 하는 상호신임이 결여된, '경제주의'에 치우친 것이 기존의 대북 포용정책과 다른 점이다.

대북 포용정책에 대한 MB정부의 인식과 평가가 부정적인 이유는 "포용정책이 북한의 핵실험을 막지 못했고 '일방적 퍼주기'로 원칙 없이 유화적이었고, 포용정책 시행과정에서 남남갈등 증폭과 한미동맹의 이완 및 북한 인권을 외면했다"는 것이다. 기존의 포용정책이 대북 지원과 교류협력을 우선적인 정책수단으로 북한사회의 시장화를 계획했다면, MB정부 대북 정책은 북핵 해결 및 시장개방을 전제로 경제지원을 한다는 '상호주의 전략'이다. 요컨대 남북관계 확립에서 '자주노선'에서 '실용노선'에로의 전환을 추진하고, 민족공조에서 국제공조로 나가는 대북 정책을 통해 '실용'적인 남북관계를 추진한다는 것이다.

이명박 정부의 대북 정책을 '평화의 비전이 없는 정책'이라고 질타한 중앙일보 김영희 대기자는 "북한 비핵화를 전제로 한 것이 MB정부 대북 정책의 약점이며, 'MB독트린'에는 번영만 있고 평화 비전은 없다. 이런 상호주의는 대북 정책 전체의 발목을 잡을 수 있으며, 지나친 상호주의는 교각살우矯角殺牛가 될 수 있다"고 지적했다. MB정부 대북 정책의 또 다른 실책은 북미 관계의 진척에 따른 북한의 대남 정책 변화를 간과한 것이며, 이 기간 동안의 남북관계 발전대책과 남북경협 변수의 대비책도 빠져있었다는 것이다.

MB정부 대북 정책의 가장 큰 실책은 기존 정부의 대북 포용정책을 전면 부정하면서, 정책차별화에만 집착한 나머지 6.15와 10.4 선언에 대한 존중과 이행을 외면함으로써 남북관계의 경색에 직접적 빌미를 제공한 것이다. 즉 '비핵'의 국제공조의 중요성에만 치우쳤고, 대북지원과 민족화합의 민족공조를 전면 부정한 것이다. 민족통일을 전제로 하는 대북지원에 경제실익과 이념을 가미한 '상호주의'는 어불성설이다. 또 다른 MB정부의 실책은 냉전시대의 '유산'인 천만 이산가족의 상봉 및 민족통일을 바라는 실향민들의 염원을 무시한 것이다. 21세기 7000만의 화합과 민족통일은 '역사적 사명'으로 간주되어야 한다.

한반도 비핵화에 따른 안보조건과 북한의 개혁개방을 전제로 대북지원을 추진한다는 MB정부의 "비핵·개방·3000"의 대북 '실용'정책은 이론적으로는 나무랄 것이 못된다. 하지만 '비핵'을 전제로 한미동맹에만 집착하고 강대국 의존의 국제공조에만 치우치면서 민족화합과 민족끼리의 민족공조를 전면 부정하고 체제변화를 전제로 하는 '개방'을 빌미로 실용적인 상호주의만 강조한다면, 이른바 대북 '실용'정책은 '포용 없는' 대북 압박정책이 될 것이다. 현재로서는 국제공조와 민족공조를 병행하여 추진시키는 것이 명지한 선택이다.

MB정부 대북 정책의 실패와 미숙한 방법론은 궁극적으로 남북관계를 '10년 전 원점'으로 되돌리는 '최악의' 경색국면을 초래했다. MB정부는 모름지기 역사가 부여한 민족화합과 통일의 사명감을 잊지 말고, 단순한 상호주의 원칙보다는 상호신임과 이해를 바탕으로 한 포용정책을 추진해야 할 것이다. 세계화가 추세인 탈냉전시대에 신냉전체제가 또 다시 한반도에 군림하고 21세기 대세인 민족통일을 외면한다면, 언젠가는 '통일을 방해한 죄인'으로 역사의 엄정한 심판대에 올라설 수 있다는 것을 MB정부는 망각해서는 안 될 것이다.

북한 권력구조의 '변화'와 남북관계 전망

김정일 국방위원장의 '건강이상설'이 회자되면서, 한국사회의 관심과 화두는 金 위원장의 건강이상 진상과 북한 권력구조의 '변화'에 대한 예측 및 대북 정책방향 등 북한의 미래에 대한 담론들이었다.

이처럼 북한 金 위원장의 '건강문제'가 한국정부와 언론의 관심을 받고 있는 것은 남북 분단과 북한의 정치시스템 및 권력구조의 특징에서 비롯된 것으로 볼 수 있다. 더욱이 남북관계가 경색국면 및 교착상태가 지속되고 있는 시점에서, 북한의 최고 권력자 김정일 국방위원장의 건강상의 '유고有故'가 몰고 올 파장은 엄청나기 때문이다.

그러나 '건강이상설'을 둘러싼 정보공개와 보도과정에서 드러난 한국 정부와 언론의 판단·대처능력은 너무 미숙하며, 이는 궁극적으로 경색된 남북관계를 더욱 악화시키는 결과를 초래할 수 있다. 따라서 '포스트 김정일 체제' 전망은 시기상조로 볼 수 있다.

1994년 김일성 주석 사망 당시 김영삼 정부는 북한의 '조기 붕괴'를 섣불리 예측하면서 남북관계를 경색시켰으며, 이로 인해 대북 연착륙

정책을 실행하던 클린턴 美 행정부와도 마찰을 빚었다. 그 결과 한국 정부는 북미 제네바 협약에서 어떤 발언권도 행사할 수 없었다. 2000년대 진입 이후 남북관계가 최악의 상태로 경색된 현 시점에서, 미래에 발생하게 될 '정치적 변동'에 집착하면서 한미 연합군이 북한에 진격하거나 이를 통해 통일을 실현하는 계기로 삼겠다는 비현실적인 '희망적 사고'는 금물이다.

1990년대 중반을 풍미했던 북한 조기붕괴론은 북한의 경제슬럼프를 정권 실패로 간주하고, 정권 실패가 곧 정권·체제·국가의 붕괴로 이어질 것이라는 '희망적 사고'에서 발현한 것이다.

한편 김정일 위원장의 '왕성한' 활동과 북미 관계의 호전 및 테러지원국 해제 조치는 한국의 의도와는 다른 방향으로 급변하고 있으며, 이러한 변화와 남북관계 현황은 이명박 정부의 대북정책의 일방성과 소통의 부재에 재고의 여지를 남겨놓았다. 이명박 정부의 실용주의 대북정책은 북한의 외면으로 남북관계의 경색국면이 초래되었다. 기존의 대북 포용정책에 대해 비판적 재조정을 선언한 MB 정부의 대북정책이 북한의 강렬한 비난을 받으면서, 남북관계의 교착상태가 지속되고 있다.

이명박 정부는 출범초기 대북정책의 기본원칙과 방향을 명확히 정립하고 소통과 신뢰를 쌓는데 실패했다. 새로운 대북정책이 전면적인 압박정책인지 새로운 형식의 협력정책인지, 비핵화는 선행조건인지

병행사안인지, 전 정부의 대북정책 기조의 전면부정인지 혹은 일부수정인지 등에 대해 일관된 원칙을 제공하지 못했다.

대북정책의 핵심이 실용주의로 표현되었지만 구체적으로는 애매모호함을 견지한 상태에서 정부당국자들의 강경한 언사와 부적절한 행위, 예컨대 통일부 해체론과 대북 화해·협력정책에 대한 전면적 비판 및 군 수뇌부의 정제되지 못한 언행 등이 남북관계의 전면적 위축과 불신을 초래했던 것이다.

이명박 정부의 '상생과 공영'의 대북정책은 남북 간 평화·경제·행복공동체를 형성하고, 한반도 평화통일의 실질적 토대를 마련한다는 것이다. 평화공동체는 한반도 비핵화와 남북 간 군사적 신뢰구축 및 긴장완화, 경제공동체는 상생의 남북경협 추진과 북한의 발전과 국제사회 참여 지원, 행복공동체는 국군포로와 납북자 및 이산가족 문제 등 남북 인도적 현안 해결, 남북 주민의 삶의 질 향상 등의 주요 내용이 포함되었다.

그러나 북한은 '비핵·개방·3000'의 대북정책을 비난했고, 이를 한국정부가 6.15, 10.4 선언을 부정하는 대북 압박정책으로 인정하면서 남북 간의 일체 대화를 거부하고 있다.

따라서 6.15 공동선언과 10.4 선언에 대한 한국정부의 입장이 중요해졌다. 북한은 최근 "6.15·10.4 공동선언에 대한 입장과 태도는 북과 남의 화합과 대결, 통일과 분열을 가르는 시금석"이라는 내용의 김정일 국방위원장 담화를 보도했다. 양무진 북한대학원대학교 교수는 북미관계 호전 및 남북관계를 분석하면서, "남북관계 복원의 분위기는 조성되었지만 정부가 6.15·10.4 선언의 존중과 이행이라는 근본 문제를 풀지 않는다면, 북한의 강력한 '통미봉남通美封南' 전략으로 남북관계 경색의 장기화가 불가피해질 수도 있다"고 말했다.

현재 이명박 정부의 실용주의 대북정책이 북한의 수용 거부로 딜레마에 직면해 있다. 북한의 태도와 입장 및 주·객관적인 상황 등을 고려하면, 북한이 당분간 한국의 대북정책의 수용과 협력을 기대하기는 어려울 것으로 전망된다.

남북관계가 경색된 반면 북미 간에는 상당한 협상이 진전되었고, 북한의 핵 신고서 제출과 핵불능화 조치가 재개되면서 미국의 북한에 대한 테러지원국 해제 조치가 실행되었다. 북한에 대한 미국의 테러지원국 명단 삭제 조치가 현재 경색된 남북관계에 적극적인 영향을 미칠 것으로, 한국정부는 일단 기대하고 있다. 최근 외교통상부는 "북한이 우리의 진정성을 받아들이고, 남북 대화에 호응하여 남북관계가 상생·공영의 방향으로 나아가기를 희망한다"는 내용의 성명을 발표했다.

그동안 테러지원국이라는 이유로 침체되었던 민간차원의 경제교류는 더욱 활성화될 것이며, 전략물자 등 품목이 다양해지고 규모가 확대될 것이지만 이번 조치가 당장 남북관계에 호재로 작용할지는 불투명하다. 남북 경색의 계기인 '금강산 사건' 문제가 아직 해결되지 않았고, 북한이 '비핵·개방·3000'의 대북정책을 문제 삼으면서 6.15와 10.4 선언의 이행을 '대화의 조건'으로 고집할 수 있기 때문이다.

최근 남북관계의 경색국면을 타개하기 위한 한국 정부의 노력 및 긍정적인 신호들이 나타나고 있어 주목된다. 정부 당국자는 비핵화 진전 등을 명분삼아 대북 식량지원과 통신자재 제공 등을 적극적으로 검토할 것으로 전망했고, 이와 관련해 김하중 통일부 장관은 국정감사에서 "연내 식량지원을 적극 검토하고 있다"고 말했다. 여하를 물론하고 남북문제는 사회통합차원과 민족화합의 중차대한 문제로, 인도적인 대북지원을 지속되어야 할 것이다.

최근 북한이 개성공단 3통_{통행·통신·통관} 문제를 들어 남한의 약속 불이행을 비난했는데, 3통 문제는 2007년 10.4 선언의 중요한 내용으로 오랫동안 남측이 요구해온 부분이기도 하다. 이런 쟁점을 적시하여 남북한 합의이행 조치를 촉구한 북측의 요구는 남북 간의 실무적인 신뢰회복이 필요함을 강조한 것이다.

이명박 정부로서는 3통 문제 해결에 적극 부응하여 개성공단에 진출한 한국기업의 어려움을 해결해주면서도 10.4 선언의 약속을 이행할 수 있어, 경색된 남북관계의 개선에 일석이조의 효과를 거둘 수 있을 것이다.

요컨대 북한 권력구조의 '변화'만으로, 현재의 경색된 남북관계의 국면을 타개하려는 것은 너무나 피동적이고 '무능한 처사'라는 것을 간과해서는 안 된다. 남북관계는 불신과 대결에서 벗어나 상호 이해와 신뢰를 바탕으로 한, 지속적인 남북경협 추진을 전제로 '국제공조'와 '남북공조'를 병행하면서 대화와 협상으로서 해결하는 것이 최선의 방책이다.

강대국들의 정략에 충당된 한반도의 슬픈 현실

20세기는 한반도와 한민족에게 있어서 가장 불운하고 불행한 한 세기이었다. 20세기 초 유교문화와 '동방예의지국'을 자랑하던 이씨李氏 조선사회가 무너지고, 1910년 매국역적 이완용에 의해 한반도와 한민족은 일제의 식민지로 전락되는 불운을 겪었다.

1945년 8.15 해방을 맞은 한민족은 자의반타의반으로 3년 동안 미군정美軍政 통치에 들어갔고, 그 후 한반도에는 부동한 이념을 가진 두 개의 정부가 들어섰다. 1950년에는 이념의 극한 대결로 민족분열을 예고한 6.25 동란을 겪으면서 한반도는 분열되었으며, 한민족은 부동한 신념과 체제를 소유한 '두 민족'으로 갈라져 장시간의 냉전시대에 진입하였다.

장장 36년간의 식민지통치에 이어 3년간의 민족상잔의 피비린 전쟁의 쓴맛을 본 한반도는 남북으로 분단되어 서로 반목질시하는 '원수국가'로 되었다. 한겨레·동포인 한민족은 강대국이 참여한 이념대결의 전쟁을 거쳐 서로 '다른 민족'으로 분열되었고, 한 세기동안 이어진

한민족의 불행과 기구한 운명은 세계역사에서도 그 전례를 찾아보기 힘들 것이다.

40~50년간의 냉전시대에서 부동한 이념과 체제하에 생활해온 한민족은 강산의 '다섯 번 변화'를 거쳐 사실상 두개의 민족으로 고착화되는 불행을 맞이했다. 20세기 전기에는 몇 십년간의 식민지 통치로 나라 잃은 망국노의 설움을 지녔고, 후기에는 민족상쟁의 동란에 이은 분열 및 냉전의 일관은 말 그대로 한민족의 참담한 현실이었고 치욕의 역사이었다.

세상만사는 부단히 변화하고 발전하며 사필귀정事必歸正이 된다. 즉 회자정리會者定離가 있다면, 파경중원破鏡重圓도 있다는 뜻이다. 21세기는 바야흐로 이념 및 냉전이 사라지고 지구촌이 하나로 되는 탈냉전 시대임은 틀림없다.

2000년 6.15 남북정상회담 이후 남북대화의 창은 서서히 열리기 시작했고, 이산가족 상봉과 금강산 관광 및 남북경협이 진행되는 본격적인 교류와 한민족 화합의 시대가 열렸다. 드디어 한반도는 20세기 분단과 냉전의 역사를 추억 속에 흘러 보내고 민족통일의 서막을 열어가는 획기적인 시대를 맞이했으며, 21세기 변혁의 시대에 진입했다.

한편 지구상 유일한 분단국가로 존립해 있는 남북한의 주변 환경은 여전히 열악하며, 주변 강대국들의 이념전쟁과 갈등·마찰 속에서 방황하고 전전긍긍하는 모습이 한반도의 현주소다. 민족화합과 융합을 모색하는 한민족은 민족의 운명을 자신들이 결정하지 못하는, 피동적이고 소극적이며 수세에 밀려있는 암울한 현황이다.

게다가 북한의 핵무기 '보유선언'으로 북핵 위기가 고조되었고, 잇달은 국제사회제재가 진행되면서 어려운 경제상황에 설상가상이 되었다. 대북 정책의 변화와 대남 강경 정책으로 인해, 남북 간에 모든 교류와 '만남'이 바야흐로 중단되면서 남북관계는 경색국면에 진입했다.

'강성대국'의 핵보유 선언은 이판사판 최후의 수단으로 '양면의 칼'이다. 핵을 가지도록 '핍박'하고 또 그것을 '평화적으로' 해결하는, '병 주고 약주는' 강대국들의 얄팍한 정치수완에 힘없는 한민족만 죽어난다. 이는 21세기 한반도의 슬픈 현실로 분단된 한반도의 불행한 현실이다.

강대국들은 자신들의 국익과 이념만을 추구하면서 물에 빠진 사람을 꾹꾹 누르고 있다. 더욱 난해한 것은 한겨레이자 동포인 38선 이남의 한민족은 쾌재를 부르면서 '한민족'의 아픈 다리에 침질한다. 민족의 불행과 장원한 이익은 도외시하고 골기骨氣 없이 강대국들의 장단에 놀아나는 남녘동포가 더 얄미운 '시누이' 같은 존재로 꼴불견이다.

현재 북한동포를 위한 대북지원의 한국의 국내 환경은 살벌하다. 민족의 화합과 통일을 전제로 하는 동포지원은 어쩌면 '당연지사'이지만, 쥐꼬리만한 인정을 베풀고는 가배의 모욕을 주는 박정한 현실에 슬픈 비애를 느낄 뿐이다. 한마디로 '포용 없는' 대북정책이다.

국수주의에 집착하는 보수주의자들은 강대국의 눈치만 보면서, 못 사는 한민족을 경멸하고 냉전시대의 진부한 이념 속에 빠져 분단 현실과 분열된 한민족의 현황을 좌시한다. 오로지 현세주의만 팽배하고 박애주의가 결여되어 있는 이 족속들에게는 민족화합이나 통일은 없고, 민족자존을 상실하면서 강대국들에게 '핵우산'을 바라고 지속적 보호를 구걸한다.

장장 36년간의 식민통치도 모자라서 강대국의 보호만이 안전하다고 생각하는 '식민의식'이 그들의 뇌리 속에서 사라질 줄 모른다. 그래서 이 민족은 '약소국가·약소민족'의 이미지를 갱신할 날은 묘연하며, 분단과 민족분열을 상징하는 저주스러운 38선이 사라질 날은 요원하기만 하다. 분열된 한민족의 슬프고 불행한 현황이다.

아이러니 한 것은 50년 전 한반도 내전을 종말 짓는 정전협정에 사인한 나라가 미국과 중국이었다. 오늘날 한반도의 운명을 좌우하는 나라도 여전히 미중美中 두 나라다. 오늘날 경제상황이 여의치 않은 북한은 여전히 우방인 중국의 영향력 하에 놓여 있고, 경제가 발전한 남한은 아직도 동맹국 '미국의 조정권'에서 벗어나지 못하고 있다.

21세기 지구촌은 평화와 화합의 탈냉전시대를 맞이하고 있지만, 한민족은 여전히 냉전의 진부한 이념 속에서 벗어나지 못하고 있고 강대국들의 손안에서 놀아나고 있다. 민족의 사활에 걸린 중차대한 문제도 당사자인 남북 간에 해결하지 못하고 주변강대국들의 조정 하에서 '들러리' 구실을 하고 있다. 짜장 어불성설이다. 묻노니, 언제까지 '집안싸움'에 동네집 구경군들이 시비를 가르고 역성들어야 한단 말인가?

불가사의한 것은 현실은 이렇게 참담하지만 우리는 의연히 역사 속의 '강자'로 행세하고 있다. 강대국들은 영원히 자기의 국익과 민족 이익을 첫 자리로 놓고 타민족의 통일이나 강성을 결코 바라지 않는다. 오직 한민족이 단합되어 힘을 키우는 수밖에 없다. '사분오열'된 한민족의 현실이 통탄되는 이유이다.

물론 목전의 복잡한 국제환경 속에서 남한이 강조하는 '국제공조'나 북한이 주장하는 '민족공조'가 모두가 일리가 있고 수긍이 간다. 하지만 분열된 한민족이 그 수치를 모르고 여전히 상대를 탓하면서 반목질시를 지속한다면, 결국은 '누워서 침 뱉기'로 세상 사람들의 웃음거리로밖에 되지 않는다는 것을 명심할 필요가 있다.

분단된 한반도, 분열된 한민족은 '치욕의 역사'이자 엄연한 현실이다. 민족화합과 통일은 21세기 한반도에서 한민족이 해결해야 하는 가장 중대한 사안이자 성스러운 사명이다. 더욱 중요한 것은 한반도와 한민족이 더 이상 강대국들의 정략에 충당되는 '역사적 비극'이 21세기 탈냉전시대에서 재현되어서는 안 된다는 점이다.

꽃샘추위와 따뜻한 '봄날'

요즘 봄의 도래를 시샘하는 꽃샘추위가 한창 기승을 부리고 있다. 분명 땅 속의 벌레가 동면에서 깨어 꿈틀거리기 시작한다는 경칩驚蟄이 지났고, 계절은 엄연한 봄이지만 연일 눈과 비가 엇갈아 내리며 찬 바람이 불어치는 강추위가 지속되는 환절기이다. 따뜻한 봄날의 도래를 겨울 꽃샘추위가 시기하고 있는 것이다. 중국 동북지방에는 때 아닌 폭설이 내려 교통체증을 불러오기도 했다. 따뜻한 봄날의 도래를 맞이하면서 꺼져가는 겨울 동장군이 심술을 부리고 있고 마지막 발악을 하고 있는 것이다. 사계절의 순환은 자연의 섭리로 가변이 불가능하다.

방정맞고 주책없는 꽃샘추위가 계절의 자연변화를 역행시키려 해도 어김없이 찾아오는 봄의 도래를 막을 수 없다. 차디찬 겨울에서 강추위냉전를 경험한 사람들이 따뜻한 봄날탈냉전의 도래를 갈망하는 것은 당연지사일 것이다.

요즘 서울의 거리는 춘색春色이 완연하다. 그동안 앙상하게 말라있던 나무 가지에는 푸릇푸릇한 봄기운이 확연하다. 계절의 변화에 따른 훈훈한 봄바람에 봄 아가씨는 기지개를 켜고 만물이 소생한다. 곧 서울의 산은 푸른 단장을 할 것이며, 거리에는 이름 모를 꽃들이 만발하게 될 것이다.

요즘은 심한 일교차와 변덕 많은 날씨로 감기에 걸리는 이들이 적지 않다. 이는 계절변화의 후유증으로 봄이 왔다고 방심한 탓이다. 2000년 6.15 남북정상 이후 민족화합의 '봄날'을 맞이했던 한반도에는 최근 냉전의 찬 기류가 감돌면서, 남북관계는 때 아닌 겨울철 '동면'에 들어가고 있다. 사계절의 순환이 '역전'되고 있는 것이다.

만물이 추위에 이기지 못하고 꽁꽁 얼어붙는 추운 겨울이 지속되면, 사람들은 지겨움과 더불어 슬슬 싫증이 나기 시작한다. 그래서 따뜻하고 화사한 봄날을 더욱 갈망한다. 따라서 봄의 도래를 저주하는 꽃샘추위가 더욱 반감이 가고 원망스러워진다. 꽃샘추위는 봄을 시샘하는 겨울의 망발로, 계절이 바뀌는 자연현상을 막아보려는 헛된 시도이며 망령이다. 봄철을 알리는 꽃필 무렵의 꽃샘추위가 기승을 부려도 자연의 봄은 어김없이 찾아오고, 꽃은 소리 없이 피어나 봄소식을 만천하에 알려줄 것이다.

기나긴 겨울철이 끝나면 화창한 계절인 봄날이 오는 것은 자연의 철칙으로 무시할 수 없다. 자연계에 춥고 더운 계절의 변화, 즉 인간이 좌우할 수 없는 법칙과 규율이 있다면 인간사회에도 엄연한 사회발전의 법칙이 있다. 다시 말하면 만남이 있으면 이별이 있는 회자정리가 있는 반면, 갈라지면 다시 만날 수 있는 '파경중원'도 존재한다는 것이다.

한마디로 영원한 이별과 분열이란 존재하지 않으며, 세상만사는 사필귀정이다. 자연계의 변화의 법칙과 인류사회의 발전역사가 그것을 입증해주고 있다. 계절의 변화를 저해하는 꽃샘추위를 보면서, 필자는 사회발전·변화와 역사의 진보를 막아보려고 망령을 부리는 일명 '수구꼴통'이라고 부르는 우리사회 보수주의자들을 연상한다. 그 어떤 사회발전에도 걸림돌과 방해 세력이 있기 마련이고, 진보 세력이 있으면 보수 세력이 있는 것도 당연하다. 하지만 꽃샘추위, 즉 겨울의 최후발악이 봄의 도래를 막지 못하는 것처럼 소수의 보수주의자들이 역사의 수레바퀴를 막아보려는 것은 어불성설이다.

보수 세력의 방해에도 불구하고 사회는 부단히 발전·변화한다. 요컨대 추운 겨울이 있으면 온화한 봄날이 있고, 비극의 민족 분열이 있으면 대망의 겨레 화합도 있다는 뜻이다. 긴 겨우내 자연도 얼어붙었고 추위에 지친 사람들의 심신도 꽁꽁 얼어붙었다. 우리민족의 겨울은 너무나 길었다. 분단 이후 40~50년간 불운의 한민족은 겨울과 같은 차디찬 냉전시대에서 부동한 이념을 가지고 각기 자기의 삶을 살아왔다. '냉전의 겨울'은 민족의 얼, 겨레의 정과 마음을 모두 얼어 붙였다. 한강과 대동강은 찬 얼음 밑에 소리를 죽이고 소리 없이 흘러왔다. 대결과 갈등, 불신과 상호불신 속에서 긴 겨울냉전을 마치고 따뜻한 봄탈냉전의 도래를 기대하고 있다. 그런데 꽃샘추위가 시기하면서 마지막 발악을 하고 있는 것이다. 긴 겨울, 냉전 끝에 드디어 2000년 남북정상회담을 계기로, '탈냉전의 봄'이 찾아왔다. 긴 겨울의 고통과 몸부림 속에서 힘들게 찾아온 '화해의 봄'이었다.

이른 봄의 꽃샘추위는 오늘도 기승을 부리면서 다가오는 봄을 무척 시샘한다. 하지만 소용없는 겨울의 반항이자 망발이다. 현세주의에 빠진 단견短見 보수주의자들은 여전히 진부한 이데올로기적 사유에서 벗어나지 못하고 있고, 한민족의 존망에 관계되는 중차대한 민족화합을 방해하고 좌시한다.

기승을 부리는 꽃샘추위가 따뜻한 봄날의 도래를 막지 못하는 것처럼, 21세기 탈냉전시대 민족화합의 '봄날' 도래를 저애하고 시대의 조류를 역행하는 보수주의자들이야말로 가소롭기 그지없다. 그들은 역사의 수레바퀴를 가로막는 가련한 당랑螳螂 같은 존재들이다.

20세기 불운의 역사로 분단된 한민족이 하나통일로 되는 것을 방해하는 우리사회의 보수주의자들은 계절의 변화를 막아보려는 '꽃샘추위'와 같은 존재로서 무모하고 어리석다.

바야흐로 베이징 6자회담 타결의 '훈훈한 봄바람'을 타고 한동안 냉각되었던 남북관계가 해빙기를 맞으면서 급물살을 탈 것이며, 그동안 '냉전의 겨울'로 얼어들었던 겨레의 마음에도 계절의 봄과 함께 '화해의 봄날'이 분명 찾아올 것이다. 21세기 지구촌이 냉전 해체로 화합의 물결을 이루는 시점에서, 민족화합의 '봄날'은 꽃샘추위와 같은 저해보수 세력을 물리치고 불원간 한반도에 도래할 것이다.

추운 겨울이 끝나면 따뜻한 봄이 오는 자연법칙이 있다. 꽃샘추위처럼 자연의 변화를 막아보려는 계절의 망발도 있지만 봄은 아랑곳없이 찾아오고 있다. 민족 분열의 중단과 겨레의 화합은 필연적인 대세다. 꽃샘추위의 반항과 집착에도 불구하고 민족통일의 따뜻한 '봄날'은 언젠가는 기필코 찾아올 것이다. 그날의 도래를 간절히 기대한다.

 그래도 희망은 대한민국

호랑이와 사자 무리, 그리고 한반도

　호랑이는 용맹하고 지혜로우며 카리스마가 있다. 단점이라면 무리와의 협력과 단결심이 약하고 혼자의 힘에만 의거한 단독작전으로 문제를 해결하려고 하며, 내부 불화가 많고 팀워크가 약하다. 또한 호랑이 세계에서는 불협화음이 많고, 쿠데타가 자주 발생해 보스가 항상 바뀐다.

　사자는 용맹하고 찬스를 잘 포착하며, 무리를 지어 행동하고 팀워크가 강하다. 또한 적의 약한 곳을 노리어 치명타를 안기며 자기의 우세를 잘 발휘한다. 사자 무리는 내부분쟁이 적으며, 무리를 지어 공격하는 사자들의 살상력은 단독작전을 펴는 호랑이보다 더 크고 치명적이다.

　한국의 동물원 에버랜드 사파리월드에는 '동물의 왕'이라고 불리는 호랑이 무리와 사자 무리가 평화롭게 '공존'하여 살아가고 있다. 얼마 전 필자는 중국에서 온 손님들을 모시고 사파리에 다녀왔는데, 동물 강자들의 공존과 '평화로운 삶'이 지금까지도 줄곧 미스터리로 남아 있다.

해설자의 소개에 의하면, 각자 자기의 영역을 지키어 남의 영역을 탐내지 않고 상대방의 이익을 침해하지 않으면 싸움은 쉽게 일어나지 않는다고 한다. 가끔 '상대방 기죽이기'로 마찰과 불화가 발생하지만, 서로의 권위를 '인정'하면서 대체로 평화롭고 사이좋게 지내고 있다고 한다.

언젠가 SBS가 방송한 특집프로, "고고! 동물탐험－사파리"는 호랑이와 사자무리가 맞서 치열한 세력다툼을 벌이는 장면과 스릴이 넘치는 진실한 과정을 그대로 보여주었다.

특집프로 "사파리"는 지난 10여 년간 태평성대를 보냈던 사파리에서 혈기왕성한 젊은 사자와 호랑이들이 잇달아 장성하여 힘을 겨루면서 평소 사람들이 그토록 관심을 가지던 호랑이와 사자가 누가 더 강자냐는 '답안'을 보여주었으며, 약육강식의 동물의 본성과 맹수의 제왕으로서의 서열에 집착하는 모습을 적나라하게 보여주었다.

본 프로는 호虎·사獅 양측의 암묵적 타결 하에 확립된 평소의 질서를 하나 둘 무너뜨리며, 파워우열을 가리기 위해 치열하게 싸우는 과정을 다큐멘터리 형식으로 시청자들에게 보여주었다. 사파리 제왕이 되기 위한 권력쟁취 때문에 물불을 가리지 않고 싸우는 맹수들의 모습은 인간세상을 방불케 하였으며, 시청자들에게 전쟁의 위해성과 평화의 귀중함을 다시 한 번 돌이켜보고 음미해볼 수 있는 계기를 마련해주었다.

전쟁의 불씨는 늙은 사자왕 사룡獅龍이가 이웃나라 '서열 1위' 호비虎匪의 '왕의 여자' 호미虎美를 사모한데서 비롯되었다. 16살인간의 나이 80세에 해당 고령인 사자왕 사룡이가 미모의 호미에게 첫눈에 반해 짝사랑하기 시작한 것이다. "늙은 소 햇콩밭으로 간다"더니 산전수전 다 겪은 늙은 사자왕이 만회할 수 없는 실수를 저지르고 있었다.

어느 날 호미가 사자왕에 대한 매력과 호감을 느끼는 전환적인 계기를 맞게 된다. 젊은 사자 몇 마리가 호미가 혼자 있는 틈을 타서 집중공격을 하는데, 사룡의 도움으로 위험에서 벗어난 호미가 사룡의 진정과 용맹에 감격하여 드디어 사랑을 받아들인다.

불륜의 재미에 빠져버린 호미의 애정이 갈수록 식어지자, '남자친구' 호비가 눈치를 채고 늙은 사자왕 사룡에 대한 징벌에 나선다. 어느 날 기회를 노리던 호비가 호미와 사룡의 '불륜의 장면'을 목격하고, 사룡이가 방비 없는 틈을 타서 불의의 습격을 진행한다. 사룡은 온몸이 만신창이 되었고 결국 왕위를 젊은 사자형제에게 물려주고 은퇴를 한다.

한편 성정이 사나운 호비의 '1인 독재'에 반항하여 서열 2위의 실력파 세강이가 쿠데타를 일으켰는데, 결국 사자형제의 도움으로 왕권쟁탈에 성공한다. 자고로 내란이 일어나면 외세가 득세한다. '폭군' 호비가 무너지자 절치부심하면서 실력을 키운 사자형제가 권력쟁탈로 세력이 약화된 호랑이 무리를 굴복시키고, 사파리의 '새 주인'으로 등극한다.

왕위를 이어받은 사자형제는 사파리의 경국지색인 비너스의 유혹에 빠져 서로 비너스의 사랑을 독차지하기 위해 결사적으로 싸웠고, 통치자들의 골육상쟁에 사자 무리의 세력은 약화되기 시작한다. 민족상잔과 골육상쟁에는 승자는 없고 오로지 패자만 존재한다.

그 후 '호랑이 나라'의 신구新舊두목 호비와 세강이가 상호 각자의 권위와 실력을 인정하면서 공동 집정시대에 들어간다. "뭉치면 살고 흩어지면 죽는다"는 진리를 늦게나마 깨달은 호랑이들은 동산재기를 노려 사자형제에게 도전하는데, 호·사 양편은 끝내 승부를 가르지 못하고 서로가 큰 타격을 입고 물러난다. 그로부터 호랑이와 사자들은 서로 양보하고 상호 불침정책을 채택한 후, 각자 영역을 지키면서 평화롭게 살아간다.

한동안의 전쟁을 치른 사파리에는 '피의 대가'를 지불한 평화가 다시 찾아왔다. 최근 사파리에는 화친의 열매 라이거liger, 수사자와 암호랑이의 교잡종와 타이곤tigon, 수표범과 암사자의 교잡종이 태어나 사파리월드는 더욱 평화로운 기분이 감돌고 있으며, 서로 '사돈' 간이 된 '산 대왕'들은 피의 교훈을 잊지 않고 더욱더 화기애애하게 살아가고 있다.

동물세계의 절대강자 호랑이는 한국을 상징하는 길상吉祥한 동물로, 호랑이와 한국인은 닮은 데가 너무 많다. '호랑이'는 용맹하며 지혜롭지만 내심성이 부족하며, 내부 불화가 많고 뭉치지 못하는 약점이 있다.

한국인은 개개인은 우수하고 IQ가 높지만 내심성이 적고 타인에 대해 너그럽지 못하며, 개인주의가 팽배해 팀워크가 약하다. 작금의 한국사회는 혈연으로 인한 가족중심주의가 파생한 족벌경영체제와 경영권 세습, 혈연·학연·지연으로 인한 지역감정과 편 가르기, 지역주의 정치구도와 국민 분열은 여전히 사회병폐로 남아 있다.

21세기 세계시대는 호랑이의 '개인영웅주의'보다는 사자 무리의 협력과 단합정신이 더욱 필요한 시점이다. 우리는 모름지기 호랑이의 용맹과 의리, 사자 무리의 단합정신과 팀워크를 본받아 한다. 우리에게 절실한 것은 서로를 인정하고 포용하는 관용적인 사유와 시각이다. 그것이 분단된 한반도와 분열된 한민족이 상생 및 화합으로 가는 지름길이다.

한동안의 피비린 전쟁을 거친 후 사파리에는 또 다시 평화가 찾아왔고, '사돈'이 된 동물강자들의 상호 인정과 공존으로 화해의 기분이 넘쳐난다. 필자는 우여곡절 끝에 되찾은 '사파리의 평화'가 불원간 한반도의 축소판이 될 그날이 꼭 올 것이라고 확신해마지 않는다.

그리고 이 또한 본 다큐멘터리 특집프로를 만든 SBS 제작진의 기획의도이며, 초심이라고 굳게 믿고 있다. 필자는 사파리의 '평화적 공존'에서 가까운 미래에 등장하게 될 한반도 '통일 KOREA'의 비전을 상상해본다.

비무장지대 땅굴과 '통일열차'

필자는 얼마 전 비무장지대DMZ에서 가장 가까운 도라산역과 임진각 관광제3땅굴과 도라산전망대 및 통일촌을 둘러보는 1일 코스, 비무장지대 견학을 다녀왔다.

경비가 삼엄한 비무장지대의 차갑고 습한 땅굴 속에서 냉전시대의 '찬 공기'를 체감하였다. 반면 경의선 열차 개통을 위해 열심히 철도노동자들의 모습, 답사 기념으로 구입한 비무장지대를 통과하는 평양행 '통일열차' 그림에서 분단의 현실과 통일의 비전을 실감하였다.

북한과 인접한 임진강을 철교로 건너 비무장지대에서 300m 떨어진 곳에 설치된 도라산역은 경의선 남한구간의 종점역이다. 경의선이 전면 개통되면 북한의 봉동역으로 이어지는 북한으로 가는 첫 시발점이라는 점에서, 그 의미가 크다. 현재 도라산역은 한반도 분단의 상징적인 역이며, 남북 간 새로운 화해와 경제협력을 상징하는 중요한 장소이기도 하다.

DMZ는 군사적 비무장지대를 뜻하는 영어의 약자로, 휴전休戰에 따른 군사적 충돌을 방지하기 위해 상호 일정한 간격을 유지한 완충지대이다. 비무장지대는 1950~1953년 진행된 6.25전쟁의 정전협정에 의해 설립되었고, 법적으로는 특정한 지역에 대해 비무장화를 선언한 국제법상의 조치로 설정된 지역이다. 정치·군사적으로는 현실적인 전투행위를 중지하고, 잠정적 평화를 담보하는 평화유지의 수단으로 인정되고 있다.

현재 세계에서 유일한 분단의 상징물이자 군사 및 안보적 가치로 인하여 세계적인 관심지역이 되고 있는 비무장지대는 남북통일의 전진기지와 자연생태계의 보고寶庫, 관광과 '역사의 교육장'으로 활용되고 있다.

최근 들어 개성공단이 남북경협의 상징으로 부각되면서, 비무장지대는 국내외의 관광객들이 자주 찾는 관광명소로 부상하였다. 비무장지대 관광에서 가장 주목받는 것은 냉전시대 북한이 판 네 개의 '남침용' 땅굴이다. 그 중에서도 땅굴의 규모와 위협적 측면으로, 제3땅굴이 관광객들이 가장 많이 찾는 냉전시대의 교육장으로 이용되고 있다.

한국정부는 땅굴을 쉽게 참관할 수 있도록 2002년에 미니 열차형의 셔틀승강기를 설치했고, 2004년에는 새로 판 도보 관람로가 신설되어 많은 관람객의 수용이 가능해졌다. 제3땅굴은 1974년에 귀순한 북한인의 땅굴공사 첩보를 근거로, 1975년~1978년 사이 현대건설이 국방부의 지원 하에 착굴하였다. 땅굴은 판문점 남쪽 4km 지점에서 발견되었다.

우리일행은 '통일호' 미니 셔틀열차를 타고, 약 30분의 시간을 들여 기사아저씨의 해설을 들으면서 땅굴을 참관했다. '남북합작'으로 된 땅굴은 냉전시대의 산물이지만, 그것을 관람하는 미니 열차는 '통일호'라고 명명命名한 것에 다소 아이러니가 느껴지기도 했다.

필자가 본 땅굴은 '냉전의 교육현장'보다는 온고지신의 입장에서 불신과 증오로 팽만한 적대관계로 일관된 냉전시대 세월은 민족분단의 비애를 목도한 임진강에 흘러 보내고, '대동강과 한강이 하나통일'로 되는 미래지향적인 측면에 초점을 맞춘 것으로 느껴졌다.

필자가 임의로 동행한 한국인 관광객들의 표정을 살펴보니 대부분 담담한 모습이었다. 지난 10년간 대북 햇빛정책과 포용정책에 힘입어 두 차례의 정상회담이 진행된 '역사의 교육장'의 의미가 갈수록 퇴색해지고 있는 '바람직한' 현상이 실감되는 순간이었다.

우리는 영원히 햇빛을 못 보는 침침한 '땅굴냉전'보다 평화롭고 신선한 땅위를 질주하는 '열차탈냉전'에 신경을 쓰고 희망을 걸어야 한다. 그것이 우리민족이 밝은 미래로 통하는 첩경이며, '상생의 길'이 될 것이다.

'분단의 끝, 통일의 시작'이라고 써 붙인 도라산전망대에서는 북한의 개성 시내가 훤히 보인다. 500원짜리 동전을 대형 망원경에 넣으면 클로즈업된 이북지역의 모습이 한눈에 들어오며, 최근 남북경협의 상징으로 언론에 자주 보도되는 개성공단도 확인할 수 있다.

'대문 없는 마을'로 불리는 통일촌은 군사분계선 남쪽 4.5km 떨어진 파주시 백연리에 위치해 있다. 현재 102세대가 살고 있는 이곳은 일반 민간인들의 출입이 제한된 곳으로, 휴전 이후 자연 그대로의 환경이 잘 보전되어 있는 소중한 지역이다.

하지만 '통일촌' 명성에 걸맞지 않게 다소 썰렁한 환경은 '통일병'을 앓고 있는 필자에게는 민족분단의 현실이 더욱 통절하게 느껴졌고, 분열된 한민족의 통일의 그날은 어쩐지 요원하게만 느껴지는 순간이었다.

금번 답사에서 분명히 체감한 것은 남북 간에 상호신임과 협력을 바탕으로 한, 화해의 감미로운 기운이 확연했다는 점이다.

얼마 전에는 남북을 연결하는 '통일열차' 경의선·동해선이 분단 반세기만에 시험 운행하는 쾌거가 이뤄졌다. 남북열차가 군사분계선을 넘어 남북을 오가는 것은 경의선의 경우 한국전쟁 이후 56년 만이며, 동해선은 1950년 운행이 끊긴 지 57년 만이다. 남북철도가 반세기만에 다시 연결되는 것은 분단된 한반도에서 역사적인 상징성이 매우 크다.

경의선이 완공되면 중국 횡단철도와 연결될 수 있고, 동해선이 준공되면 시베리아 철도와 연결되어 유럽과 한반도를 잇는 '철의 실크로드'가 형성된다. 따라서 한반도가 동북아시아의 교통과 교역 및 물류의 중심적인 역할을 할 수 있는 인프라 보장이 된다.

남북정상회담에서 합의한 '10.4 정상선언'에 명시된, '2008 북경올림픽에 남북응원단이 경의선을 타고 함께 간다'는 조항은 남북 모두의 관심사항으로 눈여겨볼 만한 대목이다. 향후 개성~신의주 철도와 개성~평양 고속도로 개보수는 남북교류협력의 본격적 진전과 함께 개성~신의주 철도를 통해 중국철도를 잇는 작업이 급물살을 타게 될 것이다.

'10.4 선언'에 합의된 내용들이 관철되어 현실로 이뤄진다면, 최근 급증하고 있는 한·중 경제발전에 새로운 화물보급로 역할을 하게 될 것이다. 따라서 현재 한·중 및 남북교역에서 중요한 가교 역할을 하고 있는 조선족동포들에게도 새로운 기회로 부상할 것이다.

금번 정상회담에는 문산~개성~신의주로 통하는 남북철도 개설내용이 포함되어 있으며, 불원간 남북경협에 활로를 펴줄 철길이 열릴 것이다. 관건은 차기 한국정부가 2007년 정상회담에서 합의된 '10.4 선언'의 내용을 그대로 이행하는가, 아울러 남북관계가 지속적으로 화해·협력의 방향으로 발전해갈 수 있는가 하는데 달려있다.

반세기동안 끊어졌던 경의선과 동해선의 재개통은 분명히 한민족의 통일염원을 싣고 달리는 '통일열차'임에 틀림없다. '냉전의 상징'인 비무장지대 땅굴은 역사 속에 흘려보내고, '분단의 상징'인 DMZ에 대한 철폐와 함께 평화의 신념을 싣고 달리는 '통일열차'가 한반도를 관통하는 그날이 하루 빨리 오기를 진심으로 기대한다.

새터민, 그들은 이 시대의 행운아인가

　새터민이란 중국이나 제3국을 경유해 한국에 입국하여 귀화한 탈북자를 한국 언론과 학계에서 일컫는 말이다. 물론 아직도 그 명칭에 대한 통일적 합의가 이뤄지지 않은 상황에서, 개인과 단체의 이념적 지향성이나 편의에 따라 탈북자·자유북한인·탈북난민 등으로 불리기도 한다.

　흔히 새터민 정체성에 대해 "통일 후 남북한 주민간의 사회문화적 통합을 준비하는 선발대", "한국사회를 구성하고 함께 꾸려가는 동반자"로 인식되지만, 명의상에서만 한민족인 그들은 여전히 사회적 기시와 차별대상인 이주자·소수자로 취급받는 것이 한국사회 현실이다.

　최근 10년간 한국에 입국한 새터민 수가 기하급수적으로 늘어나면서, 현재 그 수가 1만 명에 이른다. 그들 중 대다수는 문화적인 차이와 이질감으로 한국사회에 바로 적응하지 못하면서, 빈민층으로 전락되어 빈궁한 생활을 유지하고 있다.

　1990년대 중·후반부터 한국에 입국하는 탈북자가 급증함에 따라

'북한 바로알기' 캠페인이 진행되었고, "서로 '다름'을 인정하고 이해하며 소통하자"는 문화상대주의적 관점과 인식이 점차 한국사회에서 일반화되고 있다. 여기에서 '다름 인정'은 반세기동안 한국사회를 지배해왔던 "남과 북은 하나며, 우리는 한겨레·한민족이다"는 '단일민족 신화'에 정면으로 내민 도전장으로, 이는 민족정체성 위기와 혼동을 유발하고 있다.

탈북자에 대한 한국정부의 정책은 다양한 변화를 거쳐 왔고, 2000년 남북정상회담 이후 남북관계가 개선되면서 새터민에 대한 한국사회 인식도 점차 바꿔지고 있다. 이명박 정부 출범 후 대북정책의 변화와 함께 다양한 정체성을 갖는 새터민 존재는 민감한 화제로 재부상하고 있다.

최근 공영방송 KBS 1에서 매주 토요일마다 방송하는 <남북의 창>은 새터민의 삶을 보도하고 있지만, 주로 한국사회에서 성공한 일부 '행운아'들의 이야기다. 귀화 후 한국사회에서 '한국인'으로 동화되는 과정에서 어렵게 생활하는 새터민의 빈곤한 생활을 간과되어 있다.

'한민족'으로서의 새터민 존재는 다양한 상징성을 내포하고 있다. 1990년대 초반 귀순용사에서 현재의 새터민에 이르기까지 명칭변화를 비롯해 그들에 대한 정부와 민간차원의 인식과 대응도 천차만별이다.

탈냉전 초기 귀순한 탈북자들은 남한체제 우월성을 입증하는 '국가영웅'으로 대접받았다. 그 후 정부는 '북한이탈주민 보호 및 정착지원에 관한 법률'을 제정하고 일련의 지원정책을 실시했지만, 최근 정부지원이 많이 축소되었다. 따라서 새터민은 영세민 계층으로 새로 편입되었고, 한국사회의 빈민층으로서 생활난으로 인한 어려운 고통을 겪고 있다.

과거 통일부를 비롯한 정부차원이나 탈북난민보호운동본부 등 민간차원에서 새터민에 대한 지원이 필요했던 이유는 그들이 향후 남북통일을 구체적으로 대비하기 위한 초석으로, 민족통일의 '역사적 사명을 띤' 주체로 인정되었기 때문이다.

최근 새터민에 대한 정부의 정책이 점차 탈정치화되면서, 그 역할을 대신하기 시작한 한국 내 단체가 바로 교회이다. 교회가 탈북자 입국지원과 한국사회 정착에 대한 적극적인 방조는 향후 통일시대를 맞이하면서, 대북 기독교 정신 전파와 미래의 선교사를 배양하는데 '성스러운 사명'과 목적이 있는 것이다.

한국 언론에서 묘사되는 새터민의 존재는 다문화시대의 민족구성원으로서의 한민족보다 '못사는 나라'에서 온 연민의 대상이거나 문명화가 덜 된 '시골뜨기', 혹은 1960~70년대의 한국사회 순수미를 간직한 순박한 '형제자매'로 재현되기가 일쑤다.

이러한 새터민 위상에 대한 일방적이고 편협한 시각은 한국사회에 특수하게 내재된 지배적 이데올로기와 가치관의 반영이다. 현재 한국 매스컴에 부각되는 새터민 형상은 한국에서 성공한 일부 '소수자'에 해당되며, 대다수 새터민은 이주민·소수자의 차별적 대상으로 고독한 삶에서 해탈되지 못하고 있다.

교회에서의 새터민의 회개는 '북한 출신'이라는 이유로, 과거의 삶과 모국에 대한 정체성을 송두리째 부정해야 하는 총체적 변형을 요구받는다. 새터민 개개인은 대개 탈출과정에서 가족해체를 경험했으며, 이국에서 불법체류자로서의 불안한 나날을 보내야 했던 수치심과 회억하기조차 싫은 뼈아픈 과오 및 고통스러운 순간을 경험한 민감한 집단이다.

'저 어둠의 북녘 땅'에서 '복음의 빛을 따라 자유의 땅'을 찾은 그들에게는 '자기부정'을 통한 심각한 정신적 고통이 동반된다. 그들은 한국사회 동화과정에서 '조국'을 배반한 심리상 갈등과 함께 정신상의 회심 및 의식변화를 강요받으면서 '새롭게' 태어난다.

새터민들은 한국사회 정착과 '한국인 동화'를 위한 교육프로그램을 통해 한국사회에서 문화적 소수자의 정체성을 형성하며, 한민족이지만 '다름'의 내용과 경계를 재구성하는 과정을 경험하게 된다.

언론에 보도된 조사에 따르면, 한국인이 가장 거리감을 적게 느끼는 '외국인 집단'으로 미국인·새터민·조선족중국동포 순서로 나타났다. 이는 한국인의 대미對美 '사대적 숭배'와 새터민에 대한 차별적 시각 및 그릇된 인식에서 비롯된 것이다. 또한 냉전시기 부동한 체제와 이념 하에 이질화된 한민족의 분단 비애를 절감할 수 있는 대목이기도 하다.

20세기 한반도의 한민족은 동고동락의 한겨레였지만, 40~50년 냉전시대를 경유하면서 이질화된 '한민족'이 된 새터민은 한국사회에서 다양한 정체성을 가진 차별화와 문화적 서열화의 대상이 되었다.

현재 대다수 새터민은 최하층 영세민으로 새로운 삶을 살아가면서, '한민족'으로 동화되는 어려운 고통을 겪고 있다. 그들은 한국사회에서 소외된 소수자로 한국 속 '오리엔탈리즘'의 대상이며, 이 시대 행운아와 거리가 먼 타자에 속한다. 그것은 '진정한 한민족'으로 새롭게 태어나는 동화과정은 고독과 고통이 장시간 동반되기 때문이다.

대다수 새터민의 불행한 삶의 현주소와 한민족이 '한민족'으로 동화되어야 하는 슬픈 상황이, 21세기 대세인 민족통일의 '어두운 그림자'로 되어가고 있는 현실을 더 이상 방치해서는 안 될 것이다.

현재 새터민이 한국사회에 동화되는 과정에서 겪는 고통과 심리적 갈등, 문화적 이질감과 위화감을 극복해나가는 생활과정은 향후 한반도 '통일과정 축소판'으로 볼 수 있다. 그런 의미에서 다문화사회에서 그들과 공생공존의 사회통합을 이뤄가는 것은 향후 '통일 KOREA'에 주는 시사점과 의의가 매우 크다고 할 수 있을 것이다.

실향민 울리는 예술무대 '통일'

얼마 전 필자는 "북한의 춤과 노래"라는 제목의 공연 초대권을 받았다. 한국에 귀화해 생활하고 있는 <새터민 예술단>의 춤과 노래로 된, 한국에서는 결코 흔치않은 이색적인 공연을 관람했다.

금번 공연은 서울문화재단이 후원하고 겨레하나예술단의 주최 하에, 이북에서 온 가수와 댄서들이 출현하는 새터민 금강산예술단 공연을 위주로 하는 특별공연이었다. 현재의 남북의 특수한 상황에서 특유의 북한 예술문화를 감상할 수 있는 좋은 기회이었다.

본 공연은 남한 가수국악인들의 협조와 남과 북이 모처럼 함께 하는 '통일' 상징의 예술무대라는 점에서, 더욱 큰 관심과 이목을 끌었다.

서울 관악구문화관에서 열린 공연의 취지는 "우리예술로 겨레를 하나 되게 하고, 이웃겨레와 친구가 되는 사랑과 화합의 한마당"이었다. 본 공연의 관람자 대부분이 이북에 연고를 둔 실향민이었고, 현재 한국에 얼마 남지 않은 이산가족들이었다.

새터민은 탈북자를 지칭하며, 한국에 귀화한 이들을 은유적으로 이르는 말이다. 금번 공연에 출현한 금강산예술단은 2명의 남가수와 3명의 여가수, 그리고 10여 명의 20대 젊은 댄서로 구성되었다. 현임 단장은 전 평양예술단 출신이며 현재 프로진행을 겸하고 있는 김우경 여사이다.

우리 일행이 비 오는 궂은 날씨임에도 불구하고, 제시간에 공연장소인 관악 문화관에 도착하였다. 그런데 본래 6시 반에 시작한다던 공연이 겨레하나예술단 송낙환 단장의 공연취지 설명과 금강산예술단에 대한 소개 및 관악구출신인 국회위원의 격려사로 지체되었고, 저녁 7시 경에 정식으로 시작되었다.

공연 전 약 10분간 방영된 북한 관련 동영상은 "안에서 본 평양", "밖에서 본 평양"의 제목으로 된 두 편이었다. 그런데 뒷부분 동영상의 충격적 내용으로, 공연장은 숙연하고 무거운 분위기로 돌변했다.

"안에서 본 평양" 동영상은 북한 주민들의 '행복한 생활상'을 보여주었다. 반면 "밖에서 본 평양"의 동영상은 살벌한 공개처형 장면과 2명의 북한 군인이 탈북여인을 심문하는 장면으로, 무릎을 꿇고 앉은 젊은 여인의 머리를 몽둥이로 후려치는 끔찍스러운 폭행 장면을 여과없이 보여주었다. 여인은 비명을 지르면서 쓰러졌고 몽둥이는 두 동강이 났다.

차마 눈뜨고 볼 수 없는 동영상의 끔찍한 장면을 보면서 필자는 마음이 무거워졌고, 한편 예술 공연에 '이데올로기를 가미'하는 주최 측의 처사가 납득이 되지 않았다. 잇달아 김유경 프로진행자가 좀 침울하지만 북한 특유의 목소리로 공연의 시작을 알렸고, 민족복장 차림을 한 2명의 남가수와 3명의 여가수, 4명의 댄서가 출현해 요즘 한국에도 잘 알려진 유명한 북한노래 '반갑습니다'를 불렀다. 즐겁고 반가운 내용의 노래이었지만, 방금 전에 방영한 동영상의 여운인지 장내는 여전히 엄숙하고 무거운 분위기가 흘렀다.

김유경 단장이 전체 단원들이 동영상을 보면서 울다 나왔다고 하자, 장내의 일부 실향민들은 눈시울을 훔치기도 했다. 남과 북의 3명 미녀가수가 우리민족의 전통민요 '노들강변'과 한민족의 상징인 '아리랑'을 부르면서, 장내 분위기는 점차 공연의 기분 속에 빠져들기 시작했다.

남북 가수가 함께 부르는 노래지만 불협화음은 없었고, 南 여가수는 섹시한 반면에 북 여가수는 숙녀스타일의 이미지가 이색적이었다. 특히 북한의 민속무용 '물동이 춤'과 현대무용 '꽃 속의 처녀'가 관중들의 갈채를 받으면서, 공연장의 분위기를 흥분의 도가니로 몰아갔다. 물동이를 인 '칠 선녀'의 한사람같이 움직이는 율동을 보면서 무아지경에 빠진, 실향민들은 고향에 대한 그리움으로 서서히 감회에 젖어들었다.

이어서 마련된 프로는 미모의 북한가수가 남한의 유명가수 '현숙의 노래'를 불렀다. 남한가수를 뺨치는 노래실력에 춤동작까지 그대로 모방하자, 금방까지 침체되었던 관중석의 분위기가 일변되어 가수와 관중이 '하나로 되는' 한국 특유의 공연장 진풍경이 나타났다.

무대와 관중이 하나로 '통일'된 모습을 보면서 필자는 남과 북은 동포로 한겨레라는 것을 실감했고, '북한가수도 남한노래를 잘 부를 수 있구나' 하는 것을 새삼스레 체감했다. 하지만 그들이 워낙 한민족·한겨레라는 점을 생각하니 별로 이상할 것도 없었다.

본 프로의 또 다른 이색적인 것을 꼽는다면 최근 한국에서 유행인 가수를 동반한 댄서들의 춤이었는데, 배꼽과 허벅지를 다 드러내놓은 북한 댄서들의 섹시한 복장스타일이었다. 웃음을 머금고 다시 무대에 나온 김유경 단장의 객담客談 이 관중석의 무거운 분위기를 가셔버렸다.

북한에서는 가수댄서가 무대에서 배꼽과 팔다리를 드러내면 정신병자 취급을 받는다고 하면서, 남한에 온 후 예술단의 남자가수들이 이북에서는 기대도 하지 못하는 북한 댄서들의 아름다운 '배꼽'을 마음대로 볼 수 있어 '기분이 좋다'고 가끔 너스레를 떤다고 하자 관중석의 실향민들은 가벼운 웃음으로 받아넘긴다.

필자는 김우경 단장의 평범한 '배꼽이야기'를 들으면서, 그동안 남과 북이 너무나 많이 달라진 변화의 현실을 실감했다. 한편 이산가족 상봉을 비롯한 남북화합과 민족통일을 오매에도 갈망하는 실향민들의 염원이 결코 쉽게만 이뤄지지 않은 것이라는 것을 절감했다.

오늘날 남과 북이 다른 것은 결코 이데올로기 뿐만이 아니다. 분단된 한반도에서 분열된 한민족이 '하나로 되기' 위해 가야 할 길은 너무나 멀며, 서로를 이해하는 시간과 과정이 소요된다. 따라서 21세기 한민족의 중대한 사명인 민족 통일이 대결과 불신에서 상호 신임과 협력을 동반하는, 긴 과정이 필요하다는 것을 절감하는 순간이기도 했다.

한편 한민족인 중국동포·조선족과 고국동포·한국인 사이에 갈수록 팽배해지는 불신과 갈등이 연상되었고, 무대 위에 예술 '통일'은 이루기 쉽지만 한민족 모두가 소망하는 진정한 민족통일은 요원하게만 느껴지는 냉정한 현실에 무거워지는 마음을 주체할 수 없었다.

본 공연의 클라이맥스는 남과 북의 가수와 댄서들이 모두 출연해 '도라지타령'과 '고향의 봄'을 불렀는데, 거기에 관중들이 합세해 무대와 관중석이 하나로 되는 '통일' 장면을 연출한 것이다. 그 감동적 장면을 목도하면서 요원하게만 느껴지던 민족의 화합, 한민족이 '하나로 되는' 통일의 그날이 불원한 장래에 꼭 도래할 것이라는 것을 확신했다.

필자는 진지한 자세로 '꽃피는 산골'을 열심히 부르는 연세 지긋한 실향민들의 모습을 보면서, 언젠가 그들의 소망이 꼭 현실로 이뤄질 '그날통일의 모습'을 상상해보았다.

한국 개천절의 슬픈 '비애'

매년 양력 10월 3일은 한국의 전통적인 명절인 개천절이다. 10월 개천절은 한국의 '국경일'의 하나로, 기원전 2333년 단군기원 원년 음력 10월 3일에 '국조國祖' 단군檀君이 최초의 민족국가인 단군조선의 건국을 기리는 뜻으로 제정되었다.

지금의 개천절은 양력 10월 3일이지만, 현재 여러 단군숭봉 단체는 전통에 따라 음력 10월 3일에 제천의식을 거행하고 있다. 특히 한민족은 10월을 상달上月이라 불렀고, 한 해 농사를 추수하고 햇곡식으로 제상을 차려 감사하고 경건한 마음으로 제천행사를 거행하게 되는 10월을 가장 귀하게 여겼다. 아울러 3일의 '3' 숫자를 길수吉數로 여겨왔다는 사실은 개천절의 본래의 뜻을 보다 분명히 한 것이다.

원래 개천절은 '하늘이 열린 일'을 기념하는 날이다. 개천이란 옛날 환웅이 처음으로 하늘을 열고 백두산 신단수에 내려와 홍익인간弘益人間, 이화세계의 뜻을 펼치기 시작한 사건을 가리킨다. 보통 개천은 기원전 2333년 10월 3일에 이루어진 것으로 알려져 있지만, 이 날은 실제로는 단군이 '나라를 세운 날'로 전해진다. 고대의 개천절은 음력 10월 3일로, 한민족의 고유한 제천행사의 시기와 일치하다는 것에 주목할 만하다.

현재 한국의 4대 국경일은 3.1절, 제헌절7.17, 광복절8.15, 개천절10.3이 있다.

개천절은 민족국가의 건국을 경축하는 국가적 경축일인 동시에, 문화민족으로서의 새로운 탄생을 경축하며 하늘에 감사하는 한민족 고유의 전통적 명절이라 할 수 있다. 하지만 4대 '국경일' 중 가장 홀시되고 간과되어 있는 국가적 명절이 바로 개천절이라는 현실에, 많은 이들이 곤혹을 느끼고 있다는 점이다. 이 또한 '국경일' 개천절이 슬픈 '이유'이다.

난해한 것은 개신교가 득세하고 있는 한국사회의 많은 이들이 '민족의 시조'라고 불리는 단군을 먼 '옛날 전설 속의 할아버지'로 알고 있다는 것이며, 역사를 존중하고 역사에 애착하는 한국사회에서 개천절은 모든 국정공휴일 가운데서 가장 등한시하고 초라한 행사로 끝난다는 점이다.

매년 양력 10월 3일 '공휴일'인 개천절 날, 현재 한국사회에서는 단군 할아버지를 기리는 사람은 찾아보기 힘들다. 5000년의 '빛나는' 민족역사에는 그처럼 연연해하면서도, '민족의 시조'는 부정하는 자가당착적인 현실에서 분단의 비애를 더욱 절감하게 된다.

 그래도 희망은 대한민국

반면 국경일이 '유명무실'한 남한과는 달리 북한에서는 공휴일은 아니지만 정부차원에서 개천절을 기념한다. 북한정부는 1993년 평양시 부근에서 단군의 유골을 발견했다고 발표한 후, 대대적으로 평양근교에 석재 피라미드 양식의 단군릉을 건축했다. 아울러 개천절마다 '단군제'라는 제사를 지내며, 단군을 우리민족의 원시조로 크게 부각시키고 있다.

1993년 10월 2일, 북한 사회과학원은 단군이 지금으로부터 5000년 전에 평양에서 태어나 평양에서 죽은 '실제인물'이라고 주장하였다. 현재 이북의 역사학자들은 단군이 '평양에서 고조선을 건국하고 평양을 수도로 삼았으며, 평양에서 죽었다'고 주장하고 있다.

반면 한국 내 일부 역사학자들은 단군의 존재를 '신화'로 주장하고 있고, 종교학자와 단체들은 단군을 신흥종교나 우상화 및 미신으로 취급하고 있다. 그들은 '단군 시조'가 본 교회의 취지와 어긋난다고 하여 단군사상을 비하하고 단군정신을 부정하고 있다.

단군의 기록이 최초로 나오는 '삼국유사'까지 1300년, 그 후 3000년 동안 '조선북한의 인물'이었던 단군에 대한 역사적 고증을 놓고 오늘날까지 남북 역사학자들 사이에는 많은 견해와 주장이 엇갈리고 있다.

개천절은 '국조' 단군이 나라를 세운 날을 기념하는 날로 한겨레의 '생일'이며, 민족과 겨레의 뿌리를 마음에 되새기는 날이기도 하다. 오곡백과가 무르익은 10월 상달 가을의 수확을 즐기는 백성들의 환호와

축제 속에서 단군은 '개국대업'을 창시하였으며, 한민족의 기원을 열었던 것이다.

'국조' 단군의 건국이념인 홍익인간의 사상은 환인·환웅으로부터 단군이 계승한 원대한 이상이며, '널리 인간세계를 이롭게 한다'는 뜻으로 그것이 오늘날 우리민족의 핏속에 여전히 흐르고 있는 것이다. 우리민족의 핏줄 속에 흐르고 있는 단군정신은 남과 북이 다르지 않다. 단군정신은 우리민족의 뿌리이고 '구심점'이며, 우리민족의 희망 및 이상이라는 주장에 진지하게 재고해야 한다. '단군 시조'에 대한 재조명이 필요한 시점이다.

개천절은 모름지기 한국의 모든 국경일 가운데서 '으뜸'이 되어야 할 날이다. 그것은 개천절이 남과 북을 막론하고 한민족의 기원과 겨레의 뿌리를 마음에 되새기며, 온고지신의 계기가 되는 명실상부한 국경일이기 때문이다.

불가사의한 것은 대다수 한국인들은 이 나라와 겨레가 생긴 날개천절보다 '외래인' 예수님·석가님의 탄생일에 더 큰 의미를 두며, 따라서 그날은 온 나라가 법회와 크리스마스 행사로 흥분하며 야단법석을 피운다는 점이다.

환웅·단군 할아버지께서 아시면 섭섭하겠지만, 당신들 후손 대부분은 개천절을 '쉬는 날' 정도로 아주 단편적으로 알고 있을 뿐이다. 그들은 '단군 시조'와 국경일·개천절의 역사적 유래와 민족의 고유한 전통의 의미에 대해 모르고 있고, 심지어 알려고도 하지 않는다.

민족의 뿌리를 잃고 5000년의 '찬란한' 역사를 잊어버렸으며, 오로지 현세주의와 허황한 내세·천당에만 집착하는 이 나라의 이 족속들, 참으로 안타깝고 슬프다.

현재 개천절의 슬픈 '비애'는 부동한 이데올로기와 체제를 갖고 있는 한민족의 엄연한 비애이자 비극이며, 민족 분단의 암울한 현실의 투영이다.

올림픽 금메달 의미와 그에 가미된 '이념'

베이징올림픽에서는 '새둥지鳥巢'라고 불리는 주경기장 등 올림픽 경기들이 점입가경으로 진행되고 있고, '올림픽의 승자' 금메달리스트들이 육속 배출되었다. 지난 베이징올림픽에서는 17일간 각국 대표선수들의 치열한 경합을 통해 302개 금메달주인공들이 탄생되었다.

올림픽 금메달이 갖는 의미는 스포츠경기의 우승을 넘어 복합적 의미를 지니고 있으며, 국가와 민족관 및 가족과 조국에 대한 '이념적 요소'들이 내포되어 있다.

백열화의 경쟁을 거쳐 탄생된 금메달수상자는 매스컴의 톱뉴스 '주인공'이 되며, 졸지에 국민영웅으로 부상한다. 그들은 국가민족의 영예이자 자부심이며, 고향과 가족의 자랑이고 경사이다. 스포츠경기에서 오로지 승자만이 각광을 받는 작금의 현실에는 더욱 그러하다. 올림픽에서 우승하면 인생이 바뀌고 '금메달'은 무수한 영예와 '경제이익'을 갖다 준다. 올림픽이 낳은 국민영웅으로 가장 추앙받는 선수가 바로 금번 베이징올림픽에서 출중한 기량으로 우승하면서, 한국의 수영 역사를 바꿔 쓴 1금1은 획득자 박태환이다. 매번 개최국 베이징의 하늘에 울려 퍼지는 애국가와 태국기가 게양되는 장엄한 장면들이 TV화면에 비춰질 때마다, 한국인들은 무한한 국가적 자부심과 민족의 긍지감을 절감한다.

개최국 중국은 시종 금메달순위 1위로, '라이벌' 미국을 여유 있게 따돌리고 40여 명의 금메달리스트들을 배출했다. 물론 주최국 특유의 천시天時·지리地利·인화人和의 이점을 포함해 다이빙·역도·체조·탁구·사격 등 경기에서 '드림팀 실력'을 자랑하면서, 선전한 주최국 중국이 스포츠강국으로 부상했다는 것은 자타가 공인하는 것이다.

올림픽 개최 후 금메달 독주와 금메달리스트의 대량 탄생은 각종 악재들을 물리치고 막대한 자금과 심혈을 기울인 중국인들로 하여금, 중화민족의 긍지와 개최국의 자부심을 만끽하기에 충분했다. 무수한 '금메달'은 중국인들의 조국관을 더욱 고양시키면서, 스포츠강국으로서의 부상보다는 국력 강성과 강대국의 '이미지 수립'에 더 큰 의미를 부여한다.

한편 13억 중국인들에게 엄청난 충격을 주었고 수많은 관중과 시청자들을 울린 사건이 있다. 그것이 바로 2004 아테네올림픽 110m허들에서 금메달을 획득하면서 '국민영웅'으로 추앙된 '황색탄환' 류상劉翔이 이외의 부상으로, 기록쇄신과 금메달 획득에 대한 중국인들의 기대에 부응하지 못하고 경기 기권한 것이다.

이미 종합순위에서 금메달 1위를 '예약'해놓은 개최국 중국에게 류상의 결장은 금메달 '박탈'을 떠나서 국가 '2인자'가 친히 전화 위문할 정도로, 13억 중국인에게 커다란 좌절감을 안겨준 쇼크이었다. 이 또한 스포츠에 가미된 국가적 이데올로기가 낳은 '비극'이다.

금메달리스트들이 시상대에 올라서면, TV화면에는 항상 그들의 가족이 등장하고 감격의 눈물을 흘리는 장면이 어김없이 나타난다. 심지어 금메달 획득을 '예상한' 선수들의 고향과 모교 및 가정집에는 기자들이 미리 대기해 있으며, 우승 선수와 가족이 동시에 기쁨을 나누는 감격적 장면을 생중계한다.

한·중 양국 간에 '다른 점'이 있다면 한국의 부모님들은 자식의 성공금메달 획득을 통해 가족 간 애정과 가족 중요성을 부각시키는 반면, 중국의 부모님들은 영예와 자부심을 조국의 배려와 관심에 돌리면서 조국관과 민족 긍지감을 돌출시킨다는 점이다.

지난 베이징올림픽에서 7700만 한민족의 가장 유감스러운 '사건'으로, 올림픽의 하이라이트·개회식에서 남북 대표팀의 선수들의 공동 입장 무산을 꼽을 수 있다. 그럼에도 불구하고 '남북이 하나로 된' 모습과 한겨레·동포지정을 스포츠뉴스에 비춰진 TV 화면에서 쉽게 확인할 수 있다. 매번 남북한의 선수들이 출전하는 경기가 있을 적마다 운동원 출신 해설자들의 '도를 넘는' 민족 감정에 치우친, 편파적인 해설이 대표적 사례이다. 전 북한 금메달리스트 유도명장 계순희의 조기 탈락에 동정과 아쉬움을 토로하는 한국 해설원들의 언행, 우승한 남북 선수들이 나란히 시상대에 선 모습을 지켜보면서 민족 긍지감을 고양시키는 해설 장면에서도 스포츠에 가미된 민족·이념을 쉽게 감지할 수 있다.

역도63kg에서 금메달을 획득한 북한의 박현숙 선수는 금메달 획득 감상을 "당시 위대한 김정일 수령님께서 지켜보고 있는 것 같았다"고 말했다. 그녀는 두 번 실패에 이어 세 번째로 성공한 동기부여와 '힘의 원천'을 가족도 조국도 아닌 위대한 '수령님'에게서 찾았다.

한편 사격에서 은·동메달을 딴 '사격명수' 김정수북한는 금지약물 복용으로, 도핑테스트에 적발되었고 IOC로부터 메달을 박탈당하는 불명예를 얻었다. 이 또한 '무소불위'의 금메달이 빚어낸 악과이며, 베이징올림픽에서 발생한 소수의 약물 복용 스캔들이다. 이는 남북의 스포츠선수들을 막론하고 진지한 반성과 함께 추후 삼가야 할 심각한 교훈이다.

단순한 스포츠에 '불순한 동기'가 개입되면, 개인의 명예와 국가적 이미지의 추락이 동반된다는 점을 명심해야 할 것이다. 페어플레이의 스포츠정신이 더욱 중요한 이유이다.

한국이나 중국을 막론하고 금메달수상자들은 '졸부狹富'가 되며 급기야 인생이 바뀐다. 물론 금메달리스트들은 응분의 처우와 사회적 존경을 받아 마땅하지만, 우리는 모름지기 경기에 참가한 모든 선수들과 무명영웅들을 잊지 말아야 한다.

스포츠와 인생을 물론하고 우리사회에는 '1등'과 '꼴찌'가 모두 소중한 존재이며, 상부상조와 함께 조화롭게 상생을 이뤄가는 '화합의 장'을 만들어가야 한다. 따라서 공영방송을 비롯한 매스컴에서 올림픽금메달으로 인한 '빈부 격차'와 '엘리트주의 이념'을 공공연히 선양한다면, 그것은 잘못된 것이며 어불성설이다.

지구촌 최대의 스포츠축제인 올림픽은 IOC가 규정한 경기규칙 하에 치열한 예선을 거쳐 결선에 진출한 각국 대표선수들 중 최고의 선수를 뽑는 스포츠경기로, 그 이상도 그 이하도 아니다. 정정당당하게 승부를 겨루고 그 결과에 승복해야 하는 순수하고 공정한 스포츠에 그 어떤 '인위적인 요소'들이 가미되어서는 결코 안 될 것이다.

만약 단순한 스포츠축제에 자의적으로 국가·민족적 정치이념을 가미하고, 오로지 '경기의 승자' 금메달리스트만 추앙 및 '국민영웅'으로 부각시킨다면 이는 위대한 스포츠정신에 위배되는 것으로 결코 바람직하지 못하다는 것이 필자의 졸견이다.

 그래도 희망은 대한민국

시장과 계획·통제 속에서 생존하는 북한국민들

중앙집권적 계획경제를 추진해온 북한이 1990년대 사회주의시장의 상실과 연속되는 자연재해 및 마이너스 성장에 따른 심각한 경제난은 계획경제의 전면 위축을 초래했다. 식량난에 따른 국가배급제의 중단과 공장가동률 저하에 따른 생필품 부족은 북한주민들로 하여금, 더 이상 배급계획에만 의존하지 않고 시장경제행위에 적극 참여하게 된 주요인이다. 1990년대 중반 이후 주곡主穀의 60%와 생필품 70%가 시장에서 조달되는 상황이 보여주다시피, 최근 북한주민들은 시장과 계획·통제 속에서 생존하고 있다는 것을 알 수 있다.

대규모의 기아상태와 심각한 경제난을 경험하게 한 '고난의 행군'은 더 이상 국가배급제에만 의존할 수 없다는 교훈을 남겼고, 2002년 7.1 조치는 북한주민을 너나없이 장터시장로 내모는 계기가 되었다. 이제 북한주민에게 싼값의 물건에 이문을 붙여 파는 되넘기가 더 이상 죄악시되지 않으며, 장사를 중개하고 소개비를 챙기는 것도 자연스러운 일이 되었다. 이러한 '시장경제' 움직임의 대두는 빈익빈부익부 빈부 격차를 심화시키는 부작용이 있음에도 불구하고, 북한의 경제위기를 해소하는데 기여한 시장활성화에 활기를 불어넣었다.

2000년대 이후 북한경제는 1~2%의 플러스성장을 기록하면서 점차 회생되고 있다. 이러한 경제회생에는 7.1 조치 이후 북한정부의 '경제개혁' 조치와 함께 북한사회에 시장 메커니즘이 자리 잡으면서 형성된 시장화가 크게 작용한 것이다. 그리고 '개혁'을 의미하는 7.1 조치와 후속조치들은 북한 스스로도 1940년대의 토지개혁에 버금가는 '경제개혁'으로 자평했을 만큼 중차대한 '사건'으로 평가된다. 이는 계획경제 하에 실시된 국가배급제가 식량난을 해결하지 못하게 되면서, 국가가 '계획의 부족'을 시장으로 충당한 '궁여지책'이다.

7.1 조치 이후 북한사회에서는 시장의 확산이 급속도로 진행되었고, 북한주민의 대다수를 '시장계층화'로 나눌 만큼 시장이 활성화되면서 시장경제행위는 보편화되고 있다. 시장에서의 거래 품목도 다종다양하여 식량과 소비재를 넘어 일부 생산재로까지 확대되고 있다. 북한 종합시장은 '고양의 뿔 외에 무엇이나 다 있다'는 말 그대로 상품이 구전하다. 몇 년 전 나진·선봉에 다녀온 필자는 그 종합시장의 번창함을 체감했고, 당지 종합시장에서 '싼 가격'에 정교한 꿩 세트 공예품을 구입한 적이 있다. 북한의 수공업은 매우 발달했고, 공예품은 가격이 저렴하고 품질이 양호한 것이 특징이다.

북한정부의 가격현실화 이유는 '제2경제'를 근절하기 위한 것이다.

만성적인 경제난으로 국영유통망의 물자가 수요를 만족시키지 못하면서 농민시장과 암시장의 가격이 증폭되었고, 국정가격과 수급상황을 반영하는 시장가격과의 괴리가 격화되어 이중가격제가 형성되었다. 따라서 국가가 통제하는 계획영역의 상당수 물품이 비싼 가격에 팔리는 암시장으로 대량 유출됨에 따라 국가는 제한적이나마 변동가격제를 수용하게 된 것이다. 이는 시장을 의식한 국가가 암시장의 확산을 막고, 계획경제 속에 '시장을 통제'하려는 의도로 풀이된다.

7.1 조치 이후 북한경제의 가장 중요한 변화는 시장 메커니즘이 계획경제 내부로 수용된 것이다. '조치' 이전 상품유통체계는 국가공급제가 위주였다. 소비제는 국정가격으로 국영상점에서 판매되었고, 생산제는 중앙자재공급소를 통해 기업으로 직접 배달되었다. 그러나 경제난으로 물자가 현저히 부족해지면서 이러한 국영유통체계는 마비되었고, 모든 영역에 시장거래가 확산되었다. 공식적으로 쌀을 제외한 농산물만 시장거래가 허용되었지만, 실제로는 쌀을 포함한 모든 농산물과 소비재·공산품 및 일부 생산재도 시장거래가 적용되었다.

'시장경제' 확산은 주로 계획영역의 공급물량 부족에 기인된 것으로, 국가는 더 이상 통제만을 할 수 없었다. 시장을 엄격하게 통제하면 쌀을 포함한 생필품을 거의 시장에 의존하는 주민들의 생존이 위협받게 되고, 그간 시장에서 대부분 원자재를 구해온 기업들의 생산도 중단될 수밖에 없기 때문이다. 이러한 '불가항력적 원인'으로 결국

시장을 계획경제체제에 수용함으로써, 국가통제력을 회복하고 부족한 재정을 확충하는 차선책을 선택하게 된 것이다. 시장에 대한 과거의 경직된 통제와 암시장의 확산에 따른 '통제 불가능성' 사이에서, 국가는 '시장·수용을 통한 통제력의 제한적 회복'이라는 절충안을 선택한 것이다.

2003년 6월 조선중앙통신은 기존의 농민시장을 종합시장으로 개편한 사실을 정식으로 공표했다. 종합시장 개설은 '시장을 인정'하는 동시에 상행위의 공간을 한정함으로써 국가 통제를 용이하게 하고, 시장 사용료와 국가납부금 등 세금을 부과하여 재정을 확충한다는 의미가 있다. 현재 북한에는 3백여 개의 종합시장이 있으며, 평양에도 10여 개가 된다. 종합시장에서는 쌀을 포함한 곡물과 소비재·공산품 및 수입상품의 판매가 공식 허용되지만, 생산수단 판매는 금지되어 있다. 이 또한 사회주의 계획경제시스템이 상존하는 '이유'이다.

주목할 것은 종합시장의 상품가격 역시 상당부분 시장기제에 의해 조정된다는 점이다. 시장에서 상품은 판매자와 구매자 사이에 '협의'하여 팔고 사며, 중요지표의 상품들은 '한도가격'을 정하고 한도가격은 수요와 공급에 따라 10일에 한 번씩 조정된다. 결국 종합시장에서의 가격은 수요와 공급이라는 시장기제 중심으로 정해지며, 주요 생필품의 경우 정부가 부분적으로 개입하여 조절하는 방식으로 결정한다. 한편 종합사장 가격은 국정가격보다는 시장가격에 근접하며, 따라서 종합시장은 '시장경제'의 성격이 강한 것으로 볼 수 있다.

최근 들어 북한정부는 종합시장에 대한 각종 규제를 증가하고 암시장과 '변형된 시장'에 대한 단속을 강화하고 있다. 문제는 경제난으로 공급이 절대적으로 부족한 상황에서, 국가의 공식유통망으로는 민생수요를 충족시킬 수 없다는 점이다. 종합시장의 개설로 암시장 근절에는 어느 정도 성공했지만, '공급이 부족한' 국영상점백화점은 더 어렵게 되었다. 국정가격보다 시장가격이 높으므로 생산된 제품들이 시장으로 유입되는 경향이 급증했기 때문이다. 암시장이라는 '늑대'를 피한 국영상점은 종합시장이라는 '호랑이'를 만난 것이다.

필자가 본 북한 종합시장은 인산인해로 호황인 반면, 국영상점은 '점원이 고객보다 많을' 정도로 불황이었다. 출국기념으로 구입한 최고가의 '고급화장품' 역시 중국산 제품이었다. 남한에서 중국산은 '싸구려' 취급을 받고 있지만, 북한에서는 수입품 80% 이상이 중국제품이고 고급수입상품으로 취급된다. 이 또한 현재 남북한의 '경제차이' 반영이기도 하다.

최근 국가배급제계획에 대한 주민들의 기대는 점차 줄어들고 있지만, 시장에 대한 의존도는 갈수록 높아지고 있는 것이 북한사회의 현실이다. 시장의 활성화에 따른 시장경제행위가 증가됨에 따라 북한주민들의 돈벌이 의식과 삶에 대한 추구 역시 상당한 변화를 가져왔다. 그것이 북한에서는 '실리주의'로 표현되고 있지만, 효율과 이윤을 강조하는 시장경제의 사고방식이 북한사회의 경제활동을 지배하는 준거로 자리 잡고 있는 것이다. 이러한 시장화의 추세는 계획·통제와 장기간 공존하면서 침체된 북한경제를 이끌어나갈 것이다.

요컨대 국가통제의 배급제는 줄어드는 반면, 시장화의 발전에 따라 북한주민들의 종합시장에 대한 의존도는 더욱 높아질 것이다. 따라서 현유의 사회주의 계획경제체제에서 '시장'과 '계획'은 상호 공존할 것이며, '통제된 시장' 속에서 북한주민들을 생존해갈 것이다.

북한이 경제위기에서 완전히 탈출하고 만성적인 식량난을 해결하려면, 시장에 대한 단속보다는 철저한 시장개방화와 더불어 시장경제 시스템을 도입하는 것이 명지한 선택이 될 것이다. 이는 이미 같은 사회주의국가인 중국과 베트남이 성공적인 선례를 보여주었다.

존폐위기에 놓인 남북경협의 상징, 개성공단

개성공단 사업은 2000년 8월 현대아산과 북한 아태평화위원회의 합의서 체결로 공식화되었다. 개성공단은 남한의 자본과 기술, 북한의 노동력과 토지가 결합한 남북경협의 모델케이스이다. 개성공단의 성공적인 추진은 남북의 경제적 이익과 번영은 물론 '통일 KOREA'를 대비하는 차원에서도 바람직한 대안이 될 수 있다. 또한 북한이 시장경제를 직간접으로 체험·학습할 수 있는 교육장으로, 남북통일 이후까지도 긍정적 효과가 기대된다.

개성공단은 일방적 대북지원이 아닌, 남북한 모두에 평화와 번영을 기약하는 상생의 국가적 프로젝트이다. 북한은 개성을 경제회생의 발판으로 구조적 문제를 타개하고, 경제위기에서 벗어나 새로운 성장의 동력을 확보하게 될 것이다. 특히 핵실험 이후에도 생산과 수출, 북한 노동자들의 수가 꾸준히 늘어남으로써 개성공단은 명실상부한 '남북경제공동체 시험장'이 되고 있다. 한편 '개성특구'라고 불리는 개성공단은 북한주민들에게는 '희망'의 상징하며, 냉전시대의 이념을 떠나서 남북이 '하나로 되는' 통일시험장으로 간주되고 있다.

북한정부는 군사분계선에서 제일 가깝고 군사적으로도 매우 민감한 지역인 개성지구에 주둔하고 있는 인민군 1개 사단을 후방으로 이동배치한 후, 개성지구를 공업지구로 선포하고 경제특구로 지정했다. 경제특구다운 '특구'를 성공적으로 운영해보려는 북한의 파격적 조치는 북한 '시장경제의 첫 신호탄'으로 일컫는 2002년 7월의 '7.1 경제관리개선조치'에 힘입은 바가 크다. 게다가 '7.1 조치' 이후 중국의 홍콩특구를 벤치마킹하여 북한정부가 큰 기대를 걸고 추진한 신의주특별행정구가 국내외의 각종 원인으로 좌절되었고, 1991년 12월에 나진·선봉 자유무역지구가 인프라 부족과 외국인투자자 인센티브 결여 등으로 실패한 상황에서 개혁개방의 일환으로 추진한 개성공단특구에 대한 기대는 확실히 컸던 것이다.

개성공단은 시범단지 생산 2년 만에 월간 생산액 1천만 달러, 수출액 250만 달러의 남한 전용공단으로 발전하였다. 2008년 8월 현재 개성공단은 79개 업체가 가동 중이며, 3만여 명의 북한 노동자가 고용되고 있다. 개성공단은 2천만의 소비시장과 구매력을 보유한 수도권의 시장 인근에 위치했고, 인천·서울에서 60~70km 떨어진 지리적 인접성이라는 이점이 있다. 아울러 북한의 개혁개방 일환으로 추진된 경제특구로 공단 진출한 남한기업들은 북한정부의 정책상 혜택을 받을 수 있고, 인위적 규제가 상대적으로 적은 이점도 있다.

반면 개성공단은 아직 많은 문제점과 불안정성을 내포하고 있다. 개성공단 경제활동의 제도적 보완과 원산지 표기 및 전략물자 반출문제 등 선결해야 할 문제들이 산적되어 있다. 개성공단은 미국의 대북 경제제재 영향을 직접적으로 받는 지역으로 전략물자 반출 및 원산지 규정WTO 규정 제9조의 영향을 받고 있으며, 분단으로 인한 비경제적 측면의 제약을 받고 있다. 개성공단은 남북경협의 정책변화와 미국의 대북 경제제재의 영향을 받는 것이 가장 큰 딜레마이며, 현재까지 미국이 개성공단 제품을 한국산으로 인정해주지 않는 것도 개성공단에 진출한 한국기업들에게는 수출규제와 이윤확대의 걸림돌로 작용하고 있다.

2008년 2월에 출범한 이명박 정부의 '실용주의' 대북정책은 북한의 외면과 수용 거부로, 남북관계의 경색국면을 초래했다. 기존의 대북 포용정책에 대해 비판적 재조정을 선언한 MB정부의 대북정책은 북한의 강렬한 비난을 받았고, 남북관계는 교착상태에 진입했다. MB정부의 대북정책은 소통과 신뢰를 쌓는데 실패했고, 최근 김정일 국방위원장의 '건강이상설'이 불거지면서 '북한 급변사태'를 부각시켰다. 게다가 유엔 대북결의안 공동제안과 선제타격 발언 및 대북 전단지 살포방치 등이 남북관계의 전면적 위축과 경색에 기여를 했다.

얼마 전 북한이 군사분계선을 통한 모든 육로통행을 엄격하게 제한·차단하겠다는 '통지문'을 남한정부에 보내온 것은 남북관계가 파국을 향해 치닫고 있음을 보여준다. 이는 지난번 군사실무회담에서 북측이 민간단체들의 대북 전단지 살포를 거론하면서 개성공단에 끼칠 악영향을 경고한 후, 개성공단을 볼모로 대남 압박을 강화한 것이다. 지난 10년 한국정부가 추진해온 남북경협의 최대 성과인 개성공단 사업이 존폐위기에 놓인 것이다. 현재 남북관계의 경색국면을 타개할 열쇠는 한국정부의 손에 있으며, 정부가 10.4 선언과 6.15 공동선언의 이행 및 준수 의지를 분명히 하는 것만으로도 사정은 크게 달라질 수 있을 것이다.

MB정부의 대북정책 '치명적 결함'은 친미를 강화한 나머지 대북정책의 연속성과 실효성을 약화시킨 것이다. 민족의 존엄을 상실하고 강대국에 의존하는 '국제공조'에만 치우쳐 민족화합과 통일을 지향하는 '민족공조'를 무시하고, 남북경협과 대북지원을 포함한 민족공조의 전면적 부정은 남북관계의 파탄을 자초했다. 북한의 대남 강경자세는 일부 '불순한 동기'를 지닌 민간단체의 대북 전단지 살포에 대한 MB정부의 방임과 무관하지 않다. 결국 전단지 살포의 피해자는 그간 대북지원을 추진해온 민간단체들과 개성공단에 입주한 남한기업들이다. 궁극적으로 이는 남북경협의 성과를 상징하는 개성공단의 존폐위기로 직결된다.

"현재 남북한이 상호 불신이 깊은 상황에서 타결안을 찾기 쉽지 않을 것이며, 남북경협의 상징인 개성공단이 정치적 볼모로 잡힌 격"이

되었다. MB정부가 6.15와 10.4 선언의 존중과 이행이라는 '근본적 문제'를 해결하지 않는다면, 북한의 강력한 '통미봉남_{通美封南}'의 전략으로 인해 남북관계 경색의 장기화가 불가피할 것이며, 북한이 당분간 남한의 대북정책 수용과 협력을 기대하기는 어려울 것으로 전망된다.

남북관계가 경색국면에 진입함에 따라 '남북관계의 시금석', 개성공단이 고사위기에 직면했다. 북한정부는 지난 2008년 3월 개성공단의 당국자들을 추방했고 7월에는 금강산 관광을 중단한 후, 현재 정부차원에서의 대남 인적교류를 전면 차단하는 단계에 이르렀다. 최악의 상황은 개성공단 폐쇄로, 이는 남북경협의 전면 중단과 퇴보를 의미한다. 목전의 경색국면을 풀기 위한 해법은 정부가 대북정책의 비현실성을 인식하고, 남북관계가 최악의 사태로 악화되는 것을 방지하는 대책으로서 기존의 대북정책 기조를 전환시키는 것이다.

최근 북한 인민군총참모부가 전면대결을 선언하는 등 남북·북미 관계에 묘한 긴장감이 감돌고 있던 중, 요즘 김정일 국방위원장의 한반도 '긴장완화 발언'으로 한반도 정세는 새로운 국면을 맞게 될 지 귀추가 주목된다.

한반도는 반도이지만, 남북경협이 중단되고 대북교류가 막힌다면 남한은 '섬'이나 다름없다. 따라서 경의선과 동해선의 개통은 남한과 대륙을 육로로 연결시켜준다는 점에서 큰 의미를 가진다. 개성공단의 핵심 비전은 개성의 제조업과 서울의 금융, 인천의 물류를 연결시켜 개성공단을 동북아 경제협력의 물류중심으로 만드는 것이다. 이는 한반도 평화체제 구축과도 밀접한 연관이 있다. 개성공단에서 남한의 자본과 기술, 북한의 토지와 값싼 노동력을 결합하여 민족경제공동체의 기반을 조성하면 한반도 평화체제가 앞당겨질 것이다.

한마디로 남북경협의 상징인 개성공단은 상징과 실리성을 겸비한 상생의 프로젝트이며, 남과 북이 모두 소중히 여겨야 할 귀중한 자산이다. 아울러 개성공단은 21세기 '민족통일 시험장'이 되는 효과를 기대할 수 있다.

남북 관계 경색을 초래한 MB 정부의 '10대 실책'

최근 남북관계는 '최악의' 경색국면을 맞고 있다. 얼마 전 북한의 '12.1 조치' 발표로 개성공단을 비롯한 북한 상주인원의 대폭 감축과 각종 교류협력 및 육로 통행이 차단되었고, 남북경협협의사무소가 잠정 철폐되었다. 분단 56년 만에 재개통된 경의선 철도가 다시 운행을 멈추고, 2007년 12월부터 정식으로 추진된 개성육로 관광도 당분간 문을 닫게 된다. 이는 금년 여름 '금강산 사건' 이후 금강산 관광중지와 함께 대북관광의 전면 폐쇄를 의미한다. 북한의 잘잘못을 떠나서, 이것이 출범한지 1년도 안 되는 MB정부가 이룬 '쾌거'이다.

아래에 남북관계 경색을 초래한 MB정부의 '10대 실책'을 열거해 본다.

1. 우선 MB정부의 출범과 함께 추진된 '상생·공영'을 지향하는 대북 실용정책, "비핵·개방·3000"의 비현실성과 정책 실패가 거론된다. 이는 '실용'만 있고 '포용이 없는' MB정부의 대북정책을 북한이 줄곧 인정하지 않았고 '선핵폐기, 후개방론'으로 치부하면서 강한 거

부감을 나타냈기 때문이다. 최근 TV토론에서 민주당의 한 최고위원은 남북관계 경색의 원인을 추궁하면서, 상호신뢰와 소통이 부재한 MB정부의 대북정책을 정책 일관성이 없고 오로지 이념적 수단으로 이용移用한 '양두구육羊頭狗肉' 정책이라고 강하게 비판했다.

2. MB정부 대북정책의 가장 큰 실책은 정책의 일관성 부재에 있다. 그것은 지난 10년간 대북 포용정책의 성과를 전면 부정하고, 6.15 공동선언과 10.4 정성선언의 이행 거부로 나타난다. 두 차례의 남북정상회담은 세계가 인정하는 '남북관계 발전의 이정표'로 간주된다. 남북관계의 경색을 풀기 위한 해법은 남북대화의 재개이며, 대화의 전제조건은 '두 선언'에 대한 존중과 이행이다. 김대중 전 대통령은 "6.15와 10.4 선언은 남북정상이 남북 정부를 대표해 도장을 찍은 것으로, 법적효력을 가지며 존중받고 이행되어야 한다"고 강조했다.

3. MB정부는 지난 정부의 대북 포용정책 성과를 부정하면서 이른바 '잃어버린 10년'을 표방하고 있다. 이에 햇볕정책과 6.15 공동선언 '당사자'인 김대중 전 대통령은 "현 정부의 '잃어버린 10년'이란 사고방식이 모든 잘못의 시발점이다"며 "국민의 정부가 IMF로 위기에 빠진 나라를 살렸고, 세계 최고의 정보화를 이뤘다"고 반박했고, 정부가 주장하고 있는 '잃어버린 10년론'을 강력하게 비판했다. MB정부는 '포용정책'이 이룬 남북경협과 대북정책의 실적을 무조건 폄하하기보다는 그것을 계승·보완하고 완미하게 발전시켜 나가야 한다.

4. MB정부는 출범초기부터 대북정책의 근본적 변화를 시도하면서, 기존 정부의 대북 포용정책과는 질적으로 다른 '상호주의 원칙'을 내건 실용주의·실리정책을 표방했다. 이는 MB정부가 친미강화의 정책을 추구하고 대북관계를 소원하게 하는 외교정책과도 무관하지 않다. 출범초기 MB정부의 대북관계에 대한 의도적인 무시는 '통일부 해체론'에서도 발현되며, 결국 그것이 국민다수의 지탄을 받고 철회되었던 것이다. 게다가 정부여당의 북한 비하적인 발언 남발과 국방부 책임자의 북한 '선제공격' 폭언에서도 북한을 자극하기에 충분했으며, 기존 대북정책과의 차별화 집착과 아집은 '남북관계 파국'의 도래를 시사했다.

5. 최근 남북관계가 교착상태에 진입했고 경색으로 치닫는 상황에서 남북관계에 도움이 안 되는, '이념적 요소'가 가미된 이명박 대통령의 부적절한 발언 역시 남북관계 악화에 한몫했다는 것을 부인할 수 없다. 북한은 최근 이명박 대통령이 미국방문 중에 한 '자유민주주의 통일' 발언에 강력 항의했고, 북한 조국평화통일위원회는 "자유민주주의 체제에서의 최후 통일이 궁극 목표라는 발언은 북침전쟁을 '최후목표'로 선포한 것"이라고 주장하면서 반발했다. 이는 남북 경색과 '통미봉남通美封南' 강경책에 빌미를 제공한 셈이다.

6. MB정부 출범 후 외교정책의 '치명적 약점'은 친미를 강화한 나머지 대북정책의 연속성과 실효성을 약화시킨 것이다. 즉 자주와 존엄

을 상실하고 강대국에 의존하는 국제공조에 치우친 결과, 민족화합과 통일을 지향하는 민족공조를 무시하고 전면 부정한 것이다. 물론 작금의 북핵 위기와 같은 '국제문제'는 6자회담을 비롯한 국제공조를 필요로 하며, '우리민족끼리'로만 해결되는 것은 아니다. 하지만 남북경협과 대북지원 정책을 포함한 민족공조의 전면적 부정은 결국 국제상의 '왕따'를 초래하고, 남국관계의 파국을 자초한 것이다.

7. 현 정부의 여당이며 보수적 정치세력인 한나라당은 지난 10년간의 대북지원과 포용정책을 '일방적 퍼주기'로 비하하면서, 민족화합의 걸림돌이 되어왔다는 것은 주지의 사실이다. 이러한 보수적 여당에 기존 정부가 유지해온 남북 교류의 '밀접관계'가 그대로 지속되기를 바라는 것은 무리가 없지 않지만, 최근 한나라당이 대북정책의 불협화음 및 강경자세 일변도는 그 나름대로의 정치적 목적이 깔려있다. 즉 진보세력을 견제하고 보수진영을 묶어세워 대북지원을 저지하려는 저의가 숨겨져 있는 것이다. 이러한 위험한 발상이 최근 보수와 진보를 망라한 각계 인사들이 현 정부의 대북정책 전환을 강하게 요구하고 있는 이유다.

8. 북한의 대남 강경자세는 최근 들어 일부 '불순한 동기'를 가진 민간단체의 대북 전단지 살포에 대한 MB정부의 방임과 무관하지 않다. 이는 정부의 '묵인'하에 최근 한국 언론이 집착해온 김정일 위원장의 '건강이상설'과 맞물리면서, 시의 적절하게 대북 정치공세를 발동

 그래도 희망은 대한민국

한 것으로 풀이된다. 그것이 북한정부가 남북 간 상호비방 중단을 합의했음에도 불구하고 현 정부의 '무책임한 방관'에 강하게 반발하는 이유이며, 남북관계 경색을 초래한 한 원인이 된다. 결국 전단지 살포의 피해자는 그간 대북지원을 지속해온 남한의 민간단체들과 개성공단에 입주한 남한기업들이다. 이는 남북경협의 상징인 개성공단의 존폐위기로 직결된다.

9. 주목할 것은 최근 대북 비하적인 보도로 일관해온 한국 언론 역시 현재의 남북관계 경색국면에 결정적 '역할'을 했다는 점이다. 가뜩이나 긴장한 남북관계 현황을 외면하고 북한의 '민생 고난'에만 초점을 맞추면서, 남북관계 악화일로의 원인을 이북에만 있는 듯이 시청자들을 오도했다. 이념에 치우친 편향 보도는 최근 김정일 위원장의 '건강 이상설'에 대한 과장보도와 집착으로 더욱 적나라하게 드러났다. 이러한 무책임하고 편파적이며 이념이 가미된 언론보도가 남북관계 경색과 악화에 직접적인 원인 및 빌미를 제공한 것이다.

10. MB정부의 또 다른 실책은 냉전시대의 '유산'인 천만 이산가족의 상봉과 오매에도 고향을 그리면서 민족통일을 바라는 실향민들의 염원을 무시했다는 점이다. MB정부의 대북정책의 실패로 남북관계가 경색되면서 이산가족의 상봉은 단절되었고, '기약 없는' 미래가 되었다. 아울러 실향민들의 통일염원의 실의는 인생의 말년에 들어선 그들에게는 구천에 가서도 눈을 감지 못하는 '역사적 한'이 될 것이다.

21세기 대세인 민족통일의 역사적 사명을 외면한다면, 언젠가는 역사의 엄정한 심판대에 올라설 수 있다는 것을 MB정부의 지도자들은 망각해서는 결코 안 된다.

물론 남북관계의 경색국면은 MB정부 문제만은 아니다. 북한의 대남 강경책 단행과 '통미봉남'의 극단적 정책이 남북관계 경색에 직접적 계기가 되었다. 하지만 상호 신뢰와 소통이 부재한 MB정부의 대북정책과 여당의 아전인수식 대북 강경론이 남북관계 경색을 초래한 주요인이다. 이명박 정부는 남북문제를 단순한 경제적·이념적 문제로만 봐서는 안 되며, 근시안적 대북정책을 재고하여 교류와 협력을 통한 민족통일지향의 21세기 남북관계를 재정립해야 한다. 그것이야말로 7000만 한겨레의 염원에 부합되는 공생공영의 '상생의 길'이다.

남과 북이 '하나' 및 '둘'인 이유

남과 북이 '하나'인 이유

한민족은 5000년 유구한 역사 속에서 분열과 통일, 불운의 식민지와 '치욕의 군정' 통치하에서 동고동락을 나눈 한겨레이다. 21세기 진입 이후 '냉전의 종말'과 더불어 남북이 '하나통일'로 되는 당위성 및 그 주요한 이유를 아래의 몇 가지로 나누어 적어본다.

1. 5000년 유구한 역사를 공유하고 있는 남과 북의 한민족은 피를 나눈 한 겨레다. 오늘날 7000만 한겨레는 민족상잔의 동란을 거쳐 남북으로 갈라졌고 부동한 체제와 이념 속에서 살아가고 있지만, 단군을 '시조始祖'로 하는 엄연한 백의민족의 후예이다. 한민족은 고려·조선조와 같은 통일시대와 백제·신라·고구려와 같이 3국으로 분열된 역사도 갖고 있다. 현재 한반도에서 분단국가로 있지만, 불원간 '하나통일'로 될 것이다.

2. 남과 북의 한민족은 20세기 불행한 역사와 환난을 함께 겪어온

한겨레 동포이다. 20세기 상반기에 우리민족은 일제 식민지시대를 경유하면서, '나라 잃은' 설움을 겪어왔다. 그 후 3년간의 미군정과 전대미문의 민족상쟁 내전을 거치면서 한민족은 분열되었고, 남북으로 갈라진 분단국가로서 반세기 동안의 냉전시대를 맞이했다. 하지만 21세기 탈냉전의 도래로, 불공대천의 '철전지 원수'에서 새로운 '통일시대의 주인공'으로 탈바꿈했다.

3. 21세기 지구촌은 이념의 대결과 체제의 갈등을 넘어 민족의 융합과 화합의 새로운 시대를 맞이했다. 따라서 남과 북도 대결과 갈등으로 점철된 냉전 속에서 해탈되어, 획기적인 2000년 정상회담 이후 '20세기 분단'에서 '21세기 통일'로 가는 공생공존의 탈냉전 시대를 맞이했다. 주목할 것은 남과 북은 분단 60년의 '마지막 10년'을 상호 이해와 신뢰로, 대결의 적대관계를 청산하고 화해·협력의 새 시대를 열어놓았다는 점이다.

4. 지구상 유일한 분단국가 남·북이 20세기 '치욕의 역사'가 남겨놓은 천만 이산가족의 상봉 및 700만 해외동포의 염원인 7000만의 화합통일을 실현한다면, 세계정치사와 한반도 통일역사에 중대한 한 페지를 기록할 것이다. 남북통일은 잠시적으로는 여러 가지 딜레마와 문제점을 동반하겠지만, 장기적 관점에서 볼 때 7000만의 화합은 '동북아균형자'로서의 강대국 도약에 중요한 계기를 마련할 것이다. 이는 분단의 역사를 종말 짓고 통일대국으로 거듭난 독일과 개혁개방에서

성공을 거둔 베트남의 사례가 단적으로 보여준다.

  5. 장기적 관점에서 볼 때 남북통일과 민족화합은 궁극적으로 침체된 남한경제를 부활시키고 경제위기에 직면한 북한경제를 발전시키는데, 여러 가지로 도움이 될 것이다. 즉 남한의 경제력과 선진기술이 북한의 토지와 값싼 노동력과의 결합, 북한의 풍부한 광물자원 개발과 이용 및 금강산과 백두산 등 이북 관광자원의 전면적 개발에도 활로를 열어줄 것이다. 게다가 남북 간 육로개통과 경의선·동해선의 전면적 개통은 중국 및 유라시아 대륙을 관통시켜, 한반도가 '동북아물류중심'으로 발전·부상하는데 발판을 마련하게 될 것이다.

  6. 현재의 남북관계 대결국면이 끝나고 한반도에서의 비핵화가 실현된다면, 외국투자자들의 한반도 안보와 위험부담에 대한 우려를 진일보 해소함으로써 남북의 해외투자유치와 외국자본의 인입에 크나큰 걸림돌을 제거하고 투자에 활로를 열어줄 것이다. 특히 이는 북한의 개혁개방에 대한 추진 우려와 딜레마를 제거함으로써, 개성공단과 신의주 경제특구의 활성화를 촉진할 것이다. 궁극적으로 북한으로 하여금 경제위기의 탈출을 목적으로 하는 본격적인 개혁정책과 대외개방을 단행시켜, 남북관계가 새로운 국면을 맞이할 것이다.

  그 외에도 남과 북의 '하나통일'로 된다면, 현재 남북 정부가 엄청난 국방비현재 남한은 약 200억 달러, 북한은 약 50억 달러의 국방비를 지출하고 있음를 지출하는 경제적 부담을 대폭 줄일 수 있다. 따라서 남북 정부는 그

막대한 자금을 사회복지와 국민인민생활, 즉 생활난에 허덕이고 있는 어려운 서민층에 활용할 수 있게 될 것이다. 아울러 남과 북의 젊은이들이 군대에서 청춘을 '허송'하는 현유의 시스템·고역에서 해탈될 수 있으며, 냉전 이데올로기의 진부한 정신적 갈등과 고민에서 벗어나게 할 수 있을 것이다.

물론 남북이 '하나통일'로 되는 전제조건은 '과거 10년'처럼 상호 신뢰와 이해를 바탕으로, 남한으로서는 대북포용·지원 정책을 지속적으로 추진해야 한다. 반면 북한으로서는 전면적 경제개혁과 대외개방을 단행하고 궁극적으로 시장경제시스템을 도입해야 한다. 한편 전쟁위험이 상존하는 현재의 '정전停戰' 상태에서 벗어나 완전한 '종전終戰' 상태로 되어, 한반도에서 비핵화를 통한 전쟁의 위험요소가 철저히 제거되어야 한다.

남과 북이 '둘'인 이유

1950년대 민족상잔의 동란을 거쳐 분단과 함께 50여 년의 냉전시대를 경험하면서, 남과 북은 부동한 체제와 이념 속에서 '두 개의 민족, 두 개의 국가'로 고착화되는 불행을 맞이했다. 오늘날 남과 북은 체제와 이념뿐만이 아닌, 경제발전의 차이와 부동한 생활신념 및 신앙차이를 갖고 있다. 이는 21세기 민족화합과 남북통일의 딜레마로 작용하고 있으며, 한민족 통일의 당위성과 함께 걸림돌이 될 것이다.

1. 1950년대 민족상잔의 6.25 동란을 거쳐 한반도에는 부동한 체제와 이념을 가진 두 개의 정부가 들어섰다. 남과 북은 반공反共과 반미反美의 사상·이념으로 무장하면서 남북의 주민들은 적대적인 감정으로 충만하였고, 50여 년의 냉전시대를 거치면서 '두 개의 민족'으로 고착화되는 불행을 맞이했다. 서로가 상대를 '정복'해야 할 적대국으로 인정하면서 남한은 60만, 북한은 120만의 군대를 보유하고 있고 '전쟁의 위협' 속에서 탈출하지 못하고 있다. 남과 북은 대결과 갈등 속에서 50년 간 냉전의 적대적 대립관계를 지속해왔다.

2. 분단으로 인한 부동한 이념 및 체제의 소유는 결국 북한으로 하여금 선군先軍정치와 주체사상 및 강성대국을 목표로 하는 '우리식 사회주의'를 고수하면서, '폐쇄적 자주自主'를 고집하는 '인치人治' 국가로 발전되게 했다. 반면 자본주의체제를 인입한 남한은 시장경제와 자유민주주의를 지향하는 '법치法治' 국가로 발전했다. 이는 민족상쟁의 이념 전쟁이 초래한 결과로, 한민족인 남과 북을 서로 다른 '두 민족'으로 역전되는 불행과 부동한 이념과 제도를 소유한 국가로 발전되면서 부동한 민족관과 국가관을 갖게 하였다.

3. 6.25 전쟁 이후 38선을 분계선으로 분단된 남과 북은 장기간의 냉전시대를 경유하였고, 부동한 정치·경제·문화적 시스템과 이념을 가진 '두 민족, 두 국가'로 발전되었다. 한편 냉전시기 이데올로기 대립에 따른 획일화된 사상 추구, 엄청난 국방비의 지출에 따른 사회적

낭비, 남북 모두의 군사문화화와 반공·반미의 이념적 사회풍조가 남북사회를 지배했다. 북한은 '수령체제' 하에서 선군정치를 추종하는 핵무기를 '보유'한 '강성대국'으로, 반면 남한은 미국의 정치제도와 문화를 추종하는 '영어지상주의' 국가로 발전되었다.

4. 시장경제를 도입한 남한은 1970~80년대 '한강의 기적'과 더불어 '아시아 네 마리 용龍'으로 부상, 세계 10위권의 경제대국으로 발전했다. 최근 '선진국 기준'인 1인당 GDP 2만 달러를 달성했고, 올림픽과 월드컵을 개최한 나라로 선진국 문턱에 와있다. 반면 계획경제체제의 북한은 1990년대 '고난의 행군'을 경험했고, 최근 경제상황이 호전되었지만 여전히 경제위기에서 탈출하지 못하고 있다. 현재 북한은 식량난을 해결하지 못한 세계 최하위권 빈곤국가로, 이 또한 경제가 발전한 남한의 '흡수통일'을 우려하는 빌미가 된다.

5. 현재 부동한 체제와 이념 하에서 생활하고 있는 남북 국민·인민의 종교적 신앙차이에는 현저한 차별이 존재한다. '종교의 나라'로 불리는 남한에는 미국문화의 영향으로 기독교가 '국교'로 추앙받고 있고, 종교 신자가 인구의 절반이 되는 '다종교 국가'이다. 대부분의 남한사람들은 유교의 영향력과 패턴 속에서 살아가고 있지만, 동시에 종교적 신앙을 갖고 있다. 반면 북한은 주체사상의 이념 속에서 과거 사회주의국가에서 성행했던 개인우상화와 '수령님'에 대한 신격화가 지속되고 있으며, '무종교적 신앙'이 신봉되고 있다.

6. 분단 이후 남한에서는 반공 이념과 친미親美적 사회문화가 형성되었고, 최근에는 대북관계에서 보수파와 진보세력이 공존하고 있다. 두 차례의 남북정상회담에서 발표된 6.15 공동선언과 10.4 선언이 진보세력의 성과이었다면, 현재 '보수 세력'이 득세한 남한의 대북 정책은 포용정책에서 '실용'정책으로 변화되면서 남북관계가 경색국면을 맞이하는 결과를 초래했다. 한편 북한 군부 내에도 개혁개방을 반대하고 대남 봉쇄정책을 주장하는 보수적인 완고파들이 현존하고 있다. 이들은 민족통일의 저해세력으로 장기간 존재할 것이다.

현재, 남과 북은 삶의 가치관과 인생관 및 생활신념의 현격한 차이가 존재한다. 장기간의 분단 상황은 남과 북이 한민족·한겨레임에도 불구하고, 서로 다른 이념과 체제 하에서 비롯된 부동한 사고방식과 생활관습 및 언어 환경을 초래하였다. 이러한 가치관과 생활환경의 차이 및 체화된 이념적 요소들은 21세기 민족화합과 남북통일에 큰 걸림돌로 작용할 것이며, 이 또한 곡절 많은 통일 과정과 지속적인 상호 교류가 소요되는 주요인이다.

요컨대 6.25 민족동란을 거쳐 남북으로 분단된 한반도가 20세기의 냉전시대를 끝내고, 21세기의 탈냉전을 맞이하면서 '두 민족, 두 국가'의 분열과 분단 상황을 종말 짓고 민족의 화합과 통일을 전제로 남북관계를 발전시켜나가야 한다. 물론 남북이 '하나'인 당위성과 함께 '둘'인 걸림돌이 공존하고 있지만, 21세기 민족통일의 대세는 그 누구도

막지 못할 것이다. 민족분열의 역사는 궁극적으로 민족통일로 귀결된다는 점을, 이미 5000년의 한민족 역사가 증명하고 있다.